2016

会计手工账技能训练题库（下）

主编 童小春 王竞

西安电子科技大学出版社

内容简介

本书专为高职院校会计专业学生提高手工做账技能而编写。全书分为上、下两册，每册含训练题18套，内容包括填制与审核原始凭证、编制与审核记账凭证、设置与登记会计账簿、编制科目汇总表与试算平衡表、编制银行余额调节表、编制会计报表、编制纳税申报表以及整理与装订会计档案，涵盖了工业制造企业的典型会计业务。

书中所有训练题均模拟工业制造企业的真实业务进行编写，所使用的会计凭证也以真实凭证为样本进行设计，但所有单据和凭证皆为虚构。同时为了帮助学生熟悉和了解专业技能抽考的要求，本书还节选了《湖南省高等职业院校会计专业技能抽查标准》中的手工账模块，且所有训练题均参考抽考题库的题型与命题风格进行设计和编写。

本书可供各高职院校会计专业学生作为教材使用，也可供从事相关工作的人员参考使用。

图书在版编目(CIP)数据

会计手工账技能训练题库. 下/童小春，王竞主编. —西安：西安电子科技大学出版社，2016.8

ISBN 978-7-5606-4184-3

Ⅰ. ① 会…　Ⅱ. ① 童…　② 王…　Ⅲ. ① 会计方法—资格考试—习题集　Ⅳ. ① F231.4-44

中国版本图书馆 CIP 数据核字(2016)第 188025 号

策　　划　杨丕勇

责任编辑　唐小玉　杨丕勇

出版发行　西安电子科技大学出版社(西安市太白南路 2 号)

电　　话　(029)88242885　88201467　　邮　　编　710071

网　　址　www.xduph.com　　电子邮箱　xdupfxb001@163.com

经　　销　新华书店

印刷单位　陕西华沐印刷科技有限责任公司

版　　次　2016 年 8 月第 1 版　　2016 年 8 月第 1 次印刷

开　　本　787 毫米×1092 毫米　1/16　印　张　20.875

字　　数　497 千字

印　　数　1～3000 册

定　　价　37.00 元

ISBN 978-7-5606-4184-3/F

XDUP 4476001-1

前　言

近年来，随着计算机技术的日益普及，企事业单位的会计核算正朝着电算化的方向快速发展，可以说，用电脑取代人工是会计核算工作的发展方向。但尽管如此，我们仍然不能否定会计手工做账的基础作用。因为就目前的技术而言，电脑既不能识别在经济业务中广泛使用的形形色色的原始凭证与单据，也无法根据原始凭证与单据来甄别经济业务的性质与类型，进而确定核算需要使用的会计科目以及记账的方向与金额。也就是说，即使是电算会计，作为核算基础工作的会计分录基本上仍需要由人手工输入。因此手工账既是电算会计的基础与前提，也是会计从业人员必须熟练掌握的基本专业技能。对于高职院校会计专业的学生而言，由于已经具备了一定的计算机运用基础和能力，学习掌握一两种常用的会计核算软件的操作并非难事，但切实掌握和能够运用作为电算会计基础的手工做账技能更加重要。正是基于这一认识，湖南省高等职业院校学生专业技能抽查中，将手工账列为会计专业学生的必考模块。

任何技能都不可能仅仅通过书本学习或者课堂讲授而得到，只有通过大量的实际操作与训练才能逐渐形成和熟练掌握。因此，为了加强高等职业院校会计专业学生的专业技能训练，使之熟练掌握和运用会计手工做账的方法与技巧，同时也为了提高学生参加技能抽查的达标率，我们根据《湖南省高等职业院校会计专业技能抽查标准》，参照会计手工账模块抽查题库的命题风格，编写了这本《会计手工账技能训练题库》。全书分上、下两册，各含训练题 18 套，可供高等职业院校会计专业在日常或强化实训教学中使用。

题库中的某些会计单据在练习时需要裁剪下来，供练习者练习装订会计凭证，所以这些需要裁剪的单据必须单面印刷。敬请读者注意。

本书训练题中所涉及的经济业务，以及与经济业务相关的各种凭证和单据，均采用高仿真模拟的手法进行编写，力求贴近实际。书中每套训练题都经过严格编校，但限于编者的学识水平，难免存在不足与疏漏之处，恳请并欢迎广大使用者批评指正。

湖南软件职业学院会计教研室全体教师也参加了本书的编校工作，在此表示诚挚的感谢！

编者

2016年5月

目　录

湖南省高等职业院校会计专业技能抽查标准
（手工账模块节选）

一、适用专业

本标准适用于湖南省高等职业院校所开设的财务会计类专业（6202），包括财务管理（620201）、财务信息管理（620202）、会计（620203）、会计电算化（620204）、会计与统计核算（620205）、会计与审计（620206）、审计实务（620207）、统计实务（620208）等专业。

二、抽查对象

高等职业院校三年一期全日制在校学生。

三、抽查目的

测试学生利用财会资料和财会工具，按照行业通用的规范和要求，进行会计手工操作的技能；同时对其在实际操作过程中所表现出来的职业素养进行综合评价。

四、抽查方式

由湖南省教育厅相关部门主持抽考，由组考机构组织被测学生从试题库中随机抽取试题进行测试；测试采用闭卷方式，时间为 60 分钟，被测学生应在规定的时间内独立完成测试。

五、引用的技术标准或规范

(1)《中华人民共和国会计法》(1999 年修订)。

(2) 财政部颁布的《企业会计准则》及其《应用指南》(2006 年)。

(3) 财政部颁布的《会计基础工作规范》(1996 年)、《会计电算化管理办法》(1994 年)等有关会计核算法律法规。

(4)《中华人民共和国增值税暂行条例》、《中华人民共和国营业税暂行条例》、《中华人民共和国企业所得税法》、《中华人民共和国个人所得税法》、《中华人民共和国城市维护建设税暂行条例》等有关税收法律法规的最新修订版。

六、抽查内容、要求与评分标准

会计手工操作技能模块的测试分为职业素养和专业技能两个方面。

(一) 职业素养测试内容、要求与评分标准

(1) 职业素养考核主要测试学生是否具备从事会计核算工作的基本素质，即认真、细致、客观、整洁、谨慎、耐心等优良品质。

(2) 职业素养测试的得分在手工模块测试评分中所占的比重为 10%，具体评分标准如表 1 所示。

表 1　职业素养测试评分标准

评价内容	评 价 标 准	分值	备　注
职业素养 (10 分)	能事前做好准备工作，能保持会计核算资料的卷面整洁，能按要求整理装订会计核算资料	5	工作场地脏、乱、差，严重违反考场纪律，造成恶劣影响的记 0 分
	任务完成后，能整齐摆放操作工具与用具，保持工作台面整洁；及时清扫废弃物	5	

(二) 专业技能测试内容、要求与评分标准

(1) 手工模块的专业技能测试由原始凭证的填制与审核、记账凭证的填制与审核、科目汇总表与试算平衡表的编制、会计账簿的设置与登记、财产清查的会计处理、会计报表的编制、纳税申报表的编制、会计档案的整理与装订等 8 个典型工作项目组成。

(2) 每套试题的测试项目一般为 2～5 个，由出卷老师根据需要自由组合。各工作项目的考核内容、要求与评分标准如表 2、表 3 所示。

表 2　专业技能测试的内容与要求

序号	项目名称	测 试 内 容	测 试 要 求
1	原始凭证的填制与审核	支票、银行进账单、现金解款单、增值税专用发票或普通发票、收款收据、借支单、收料单、领料单、成本费用分配计算表、产品成本计算单、产品入库单等原始凭证的填制与审核	能根据原始凭证甄别经济业务并审核其正确性与完整性；能正确规范地填制所要求的原始凭证
2	记账凭证的填制与审核	编制下列各类经济业务的记账凭证：货币资金收付、应收应付款项的发生与结算、存货的收发与期末计价、固定资产的增减与折旧、无形资产的增减与摊销、各类税费的计提与缴纳、负债资金的筹措、利息计提与本息归还、自有资金的筹措、利润分配、成本计算、财产清查、取得收入和发生费用	根据所给出的经济业务，正确、规范地填制 15 张左右记账凭证，并审核其正确性和完整性；规范粘贴每张记账凭证所附的所有原始凭证
3	科目汇总表与试算平衡表的编制	编制科目汇总表和试算平衡表	能根据所提供的记录企业经济业务的记账凭证，正确、规范地编制科目汇总表和试算平衡表
4	会计账簿的设置与登记	日记账，总分类账，数量金额式、三栏式和多栏式明细分类账，应交增值税和生产成本明细账的设置与登记	能正确规范地设置并登记所要求的会计账簿，正确、规范地更正错账，准确、规范地结转有关会计账簿
5	财产清查的会计处理	库存现金的清查处理，银行存款日记账与银行对账单的核对，银行存款余额调节表的编制，往来款项的核对处理，存货的清查处理，固定资产的清查处理	能正确、规范地填制各种反映财产清查结果的表单，并能正确地进行会计处理

续表

序号	项目名称	测试内容	测试要求
6	会计报表的编制	编制资产负债表、利润表、现金流量表和所有者权益变动表	能正确、规范地编制会计报表
7	纳税申报表的编制	编制增值税(含一般和小规模纳税人)、营业税、企业所得税、个人所得税、城市维护建设税、教育费附加等纳税申报表	能正确、规范地编制所要求的纳税申报表
8	会计档案的整理与装订	装订会计凭证，填写会计凭证封面，整理保管会计账簿、会计报表和未装订的单据与资料	正确、规范地装订会计凭证，并填写会计凭证封面；规范整理和妥善保管未装订单据

表3　各项目参考评分标准

序号	项目名称	评价标准	参考分值	备　注
1	原始凭证的填制与审核	基本要素填写齐全，数据准确，无涂改现象	每张原始凭证的分值为10分左右	数据未填、填错或涂改，该原始凭证记0分；其他项目未填、填错或涂改按比例扣分，直至扣完本张凭证的规定分值
2	记账凭证的填制与审核	要素填写齐全，会计科目和金额准确，无涂改现象	每笔业务的分值为7分左右	
3	科目汇总表与试算平衡表的编制	要素填写齐全，无漏填科目，金额准确，无涂改现象	每张科目汇总表或试算平衡表的分值为30分左右	少填会计科目或金额填错按比例扣分，直至扣完规定分值
4	会计账簿的设置与登记	账簿设置齐全，登记规范，结账正确，无随意涂改	每个账簿为10分左右	少填或错填按比例扣分(余额错误不重复扣分)，直至扣完规定分值
5	财产清查的会计处理	财产清查方法规范，结果准确；对清查结果的会计处理正确规范	每项财产清查的会计处理为15分左右	会计处理错误视情况适当扣分，直至扣完该项分值
6	会计报表的编制	会计报表的基本要素填写齐全，金额准确，无涂改现象	资产负债表35分左右，现金流量表25分左右，所有者权益变动表15分左右，利润表10分左右	缺少或填错项目按比例扣分(金额为0的项目可不填，但合计数为0的项目除外)，直至扣完规定分值
7	纳税申报表的编制	基本要素填写齐全，金额准确，无涂改现象	增值税35分，所得税25分，营业税15分，城市维护建设税和教育费附加各10分左右	
8	会计档案的整理与装订	会计凭证装订整齐，封面项目填写完整；不需装订的单据、报表、账簿按规定顺序整理齐全	30分左右	装订不整齐和松散，封面项目缺少或填错，未妥善保管不需要装订的会计资料等，均按比例扣分，直至扣完本项目规定分值

注：各项目实际分值由出题老师根据内容的难易程度赋分。

训练题1

一、训练项目与任务

(一) 根据本期发生的业务填制并审核会计凭证

(1) 根据所给经济业务完善或填写原始凭证。

(2) 以制单员身份根据所给经济业务的原始凭证或原始凭证汇总表(自制的原始凭证需填写)填制记账凭证，不要求写明细科目。

(3) 每张记账凭证应由相关责任人签名。

(二) 编制科目汇总表

以制单员身份将湖南鸿远制造有限责任公司 1 月份记账凭证编制成科目汇总表(全月汇总一次)。

(三) 整理装订会计档案

(1) 以制单员身份整理装订会计凭证并填写会计凭证封面，装订日期为 2014 年 2 月 2日。

(2) 将不需装订的单据与记账凭证、账簿等一起装入档案袋中。

二、训练资料

(一) 企业基本情况及相关核算制度

企业名称及所属行业	湖南鸿远制造有限责任公司(制造业)
主要业务和产品类型	生产豆浆机和榨汁机
单位地址和联系电话	长沙市远大路 116 号，0731-82241119
开户行及账号	中国建设银行远大路分理处 1805431500255612897
纳税人识别号	430102750563797
适应税率(增值税、所得税、城建税、教育费附加)	17%，25%，7%，3%
存货核算方法	存货采用实际成本计价，发出存货采用先进先出法计价
主要会计岗位及人员	主管：张棠；记账：王卫；出纳：刘红；审核：林叶；制单：张平
组织机构	生产车间、办公室、财务部、销售部、生产部、技术部

（二）期初资料

2013年12月31日公司账户余额　　元

总账科目	明细科目	借方余额	贷方余额
库存现金		14 690.00	
银行存款		305 950.00	
应收账款		40 160.00	
	长沙大华公司	28 000.00	
	湘潭宜兴贸易公司	7 160.00	
	福建安岳公司	5 000.00	
原材料		114 000.00	
	电热器	96 000.00	
	刀片	18 000.00	
库存商品		146 000.00	
	豆浆机	84 000.00	
	榨汁机	62 000.00	
固定资产		250 000.00	
累计折旧			46 000.00
应付账款			24 000.00
	长沙风暴公司		14 000.00
	广西德顺公司		5 000.00
	湖南华鑫公司		5 000.00
应付职工薪酬			0.00
应付利息			600.00
长期借款			100 000.00
	中国银行远大支行		100 000.00
实收资本			570 000.00
盈余公积			69 000.00
利润分配			71 000.00
	未分配利润		71 000.00
合计		875 70.00	875 700.00

2013 年 12 月末“原材料”明细账户余额

材料名称	计量单位	数量	单位成本/元	金额/元
电热器	个	4 800	20.00	96 000.00
刀片	个	4 000	4.50	18 000.00

2013 年 12 月末“库存商品”明细账户余额

产品名称	数量	单位成本/元	金额/元
豆浆机	200	410.00	82 000.00
榨汁机	200	320.00	64 000.00

(三) 2014 年 1 月公司所发生经济业务的原始凭证

1-1

陕西增值税专用发票

6100092330   全国统一发票监制章 陕西 国家税务总局监制   发 票 联   № 00576738

开票日期：2014 年 1 月 1 日

购货单位	名称：湖南鸿远制造有限责任公司 纳税人识别号：430102750563797 地址、电话：长沙市远大路 116 号 0731-82241119 开户行及帐号：建行远大路分理处 1805431500255612897	密码区	2489 — 1 < 9 — 7 — 615962848 < 032/52 > 9/29533 — 49741626 <8 — 3024>82906—2—47—6<7> 2*—/>*>6/	加密版本：01 6100092330 00575238

货物或应税劳务名称	规格型号	单位	数量	单价	金额	税率	税额
电热器		个	2 500	20.00	50 000.00	17%	8 500.00
刀片		个	4 000	4.40	17 600.00	17%	2 992.00
合计					¥67 600.00		¥11 492.00
价税合计（大写）	⊗ 柒万玖仟零玖拾贰元整				（小写）¥79 092.00		

销货单位	名称：陕西宝鸡玉华公司 纳税人识别号：610395710617632 地址、电话：宝鸡市火炬路 88 号 3865321 开户行及帐号：工行城南分理处 2603010208453706814	备注	陕西宝鸡玉华公司 610395 710617632 发票专用章

收款人：王丽   复核：陈芳   开票人：马萍   销货单位（章）

第三联 发票联 购货方记账凭证

1-2

陕西增值税专用发票

6100092330   全国统一发票监制章 陕西 国家税务总局监制   抵 扣 联   № 00576738

开票日期：2014 年 1 月 1 日

购货单位	名称：湖南鸿远制造有限责任公司 纳税人识别号：430102750563797 地址、电话：长沙市远大路 116 号 0731-82241119 开户行及帐号：建行远大路分理处 1805431500255612897	密码区	2489 — 1 < 9 — 7 — 615962848 < 032/52 > 9/29533 — 49741626 <8 — 3024>82906—2—47—6<7> 2*—/>*>6/	加密版本：01 6100092330 00575238

货物或应税劳务名称	规格型号	单位	数量	单价	金额	税率	税额
电热器		个	2 500	20.00	50 000.00	17%	8 500.00
刀片		个	4 000	4.40	17 600.00	17%	2 992.00
合计					¥67 600.00		¥11 492.00
价税合计（大写）	⊗ 柒万玖仟零玖拾贰元整				（小写）¥79 092.00		

销货单位	名称：陕西宝鸡玉华公司 纳税人识别号：610395710617632 地址、电话：宝鸡市火炬路 88 号 3865321 开户行及帐号：工行城南分理处 2603010208453706814	备注	陕西宝鸡玉华公司 610395 710617632 发票专用章

收款人：王丽   复核：陈芳   开票人：马萍   销货单位（章）

第二联 抵扣联 购货方抵扣凭证

1-3

中国建设银行 电汇凭证(回 单) 1

委托日期：2014年1月1日　　　　第 *002457* 号

付款人				收款人			
全　称	湖南鸿远制造有限责任公司			全　称	陕西宝鸡玉华公司		
账　号或住址	1805431500255612897			账　号或住址	26030102084537068 14		
汇　出地　点	长沙市	汇出行名称	建行远大路分理处	汇　入地　点	陕西宝鸡市	汇入行名称	工行城南分理处

人民币(大写)	柒万玖仟零玖拾贰元整	百	十	万	千	百	十	元	角	分
			¥	7	9	0	9	2	0	0

汇款用途：付购料款

上列款项已根据委托办理，如需查询，请持此回单来行面洽

单位主管　　会计　　复核　　记账

(汇出行盖章)

中国建设银行远大路分理处 10.01.02 业务章

2014年1月2日

此联是汇出银行给收款人的回单

1-4

收 料 单

供应单位：陕西宝鸡玉华公司　　　　编号：*1068*

发票号码：*00575238*　　　　*2014*年 *1*月 *2* 日　　　　仓库：一仓库

规格	材料名称	编号	数量		实际价格(元)														
			应收	实收	单位	单价	发票金额	运杂费	合计										
									千	百	十	万	千	百	十	元	角	分	
	电热器	*1101*	*2 500*	*2 500*	个	*20.00*	*50 000.00*	*0.00*				*5*	*0*	*0*	*0*	*0*	*0*	*0*	
备注			验收人盖章		李　金		合计¥*50 000.00*												

审核：林 飞　　　　制单：王 英

第二联：会计部门

1-5

收　料　单

供应单位：陕西宝鸡玉华公司　　　　编号：1069

发票号码：00575238　　　　2014年 1月 2 日　　　　仓库：一仓库

规格	材料名称	编号	数量		实际价格(元)														第二联：会计部门
			应收	实收	单位	单价	发票金额	运杂费	合计										
									千	百	十	万	千	百	十	元	角	分	
	刀片	1102	4 000	4 000	个	4.40	17 600.00	0.00				1	7	6	0	0	0	0	
备注			验收人盖章		李　金			合计¥17 600.00											

审核：林 飞　　　　制单：王 英

7 日，公司销售给武汉科南有限责任公司(纳税人识别号：420144856456081，开户行：建设银行汉阳分理处，账号：85475608002311892l，地址：武汉市汉阳路 44 号，电话：027-81785472)豆浆机 150 个，不含税单价为价款 600 元/个；榨汁机 120 个，不含税单价为价款 450 元/个。请填写增值税专用发票、货款及税金暂欠。

2-1

4300053140

湖南增值税专用发票

全国统一发票监制章 国家税务总局监制

记账联

№00125864

开票日期：　年　月　日

购货单位	名　称： 纳税人识别号： 地 址、电 话： 开户行及账号：			密码区	2489—1<9—7—61596284 8<032/52>9/29533—4974 1626<8—3024>82906—2 —47—6<7>2*—/>*>6/		加密版本：01 4300053140 00125864	第一联：记账联　销货方记账凭证
货物或应税劳务名称	规格型号	单位	数量	单价	金额	税率	税额	
合　计								
价税合计(大写)				(小写)				
销货单位	名　称： 纳税人识别号： 地 址、电 话： 开户行及账号：			备注				

收款人：　　　复核：　　　开票人：　　　销货单位：(章)

2-2

公司产品销售单

2014 年 1 月 7 日　　　　　№：01010001

购货单位	名称	武汉科南有限责任公司		纳税登记号	420144856456081	
	地址、电话	武汉市汉阳路 44 号 027-81785472		开户银行及账号	建行汉阳分理处 854756080023118921	
货物或劳务名称		规格型号	计量单位	数量	单价(不含税)	金　额
豆浆机			个	150		
榨汁机			个	120		
合　计						
销售人员				销售主管		

仓库保管员：李金　　经办人：王依　　制单：陈丽

⑤财务部门

3-1

借支单

2014 年 1 月 2 日

工作部门	销售部	职务	副部长	姓名	刘强和
借支金额	人民币壹仟贰佰元整(￥1200.00)				
借款事由	开会		附证件	会议通知	
归还日期	会议结束归还				
核批	同意借支 1200 元整				

会计：　　出纳：刘红　　借款人：刘强和

4-1

中国工商银行转账支票(湘)　　VI II 01514506

本支票付款期十天

出票日期(大写)贰零壹肆年零壹月壹拾伍日　付款行名称：工行雨花支行

收款人：湖南鸿远制造有限责任公司　　出票人账号：68758432586746

人民币(大写)	千	百	十	万	千	百	十	元	角	分
贰万捌仟元整			¥	2	8	0	0	0	0	0

用途：购货款　　　　科目(借)

上列款项请从　　　　对方科目(贷)

我账户内支付　　　　付讫日期　年　月　日

出票人签章　　出纳 刘芳　复核 王丽　记账 李力

4-2

中国建设银行进账单(回单或收账通知)

2014 年 1 月 15 日　　　　第 121 号

付款人			收款人		
付款人	全　称	长沙大华公司	收款人	全　称	湖南鸿远制造有限责任公司
付款人	账　号	68758432586746	收款人	账　号	1805431500255612897
付款人	开户银行	工行雨花支行	收款人	开户银行	建设远大路分理处

人民币(大写)贰万捌仟元整	千	百	十	万	千	百	十	元	角	分
				2	8	0	0	0	0	0

票据种类	转账支票
票据张数	1
单位主管　会计　复核　记账	

收款人开户银行盖章

中国农业银行远大路分理处 10.01.15 业务章

5-1

工资结算汇总表

2014 年 1 月　　　　元

部门人员类别	职工人数	基本工资	经常性奖金	津贴和补贴		应扣工资		应付工资	代扣款项				实发工资
				物价补贴	夜班补贴	事假	病假		水电费	房租费	个人所得税	小计	
生产工人——豆浆机	30	24 000	3200	2400	800	300	200	29 900					29 900
生产工人——榨汁机	10	8000	1000	800	—	—	—	9800					9800
车间管理人员	2	1700	140	160	100	—	—	2100					2100
管理部门	8	7200	880	640	480	100	60	9040					9040
销售部门	8	8000	960	640	460	200	20	9840					9840
合计	58	48 900	6180	4640	1840	600	280	60 680					60 680

人事主管：赵华　审核：林叶　制表：刘辉　会计主管：张棠　核算：林龙

6-1

中国建设银行现金支票存根

支票号码 VI II 00258720

附加信息

出票日期 2014年1月30日

收款人：	本公司
金 额：	¥60 680.00
用 途：	付工资
备 注：	

单位主管 张棠　会计 张平

复　核 林叶　记账 王卫

7-1

工资结算明细表

2014年1月

职工姓名	基本工资	经常性奖金	津贴和补贴		应扣工资		应付工资	代扣款项				实发工资
			物价补贴	夜班补贴	事假	病假		水电费	房租费	个人所得税	小计	
陈前	800	100	100	450			1450					1450
王红	900	100	100	200	—	—	1300					1300
李平	1000	500	100				1600					1600
⋮	⋮	⋮	⋮	⋮	⋮	⋮	⋮	⋮	⋮	⋮	⋮	⋮
合计	48 900	6180	4640	1840	600	280	60 680					60 680

人事主管：赵华　审核：林叶　制表：刘辉　会计主管：张棠　核算：林龙

8-1

湖南省货物销售发票

发票联

除付款单位项目外手工填写无效　湘国税　发印字（2014）第024号

发票代码：143000967890
发票号码：12954052
机打号码：19654732
机器编号：006010021657

收款单位：长沙市百货有限公司
税　　号：430223196606075473
开票日期：2014-01-30 收款员：管理员
付款单位：湖南鸿远制造有限责任公司

项目	单价	数量	金额
复印纸	220.00	10	2200.00
签字笔	2.60	50	130.00

小写合计：￥2 330.00
大写合计：贰仟叁佰叁拾元整
税控码：4257 7780 3304 4694 3579
备注：行政部购买并使用

8-2

中国工商银行
现金支票存根
VI II 01514506
附加信息

出票日期　年　月　日
收款人：
金额：
用途：
单位主管　会计

中国工商银行现金支票(湘)　VI II 01514506

本支票付款期十天

出票日期(大写)　年　月　日　付款行名称：
收款人：　出票人账号：

人民币(大写)	千	百	十	万	千	百	十	元	角	分

用途：　科目(借)
上列款项请从　对方科目(贷)
我账户内支付　付讫日期　年　月　日
出票人签章　出纳 刘芳　复核 王丽　记账 李力

9-1

湖南鸿远制造有限责任公司发料凭证汇总表

2014 年 1 月 31 日　　　　元

领料部门及用途	材料名称						合 计
	电热器			刀片			
	数量	单价	金额	数量	单价	金额	
生产豆浆机	3 750			1500			
生产榨汁机	2 250			3000			
车间一般耗用	50						
行政管理部门耗用	90			500			
合 计							

审核：林叶　　　　制单：张平

10-1

固定资产折旧计算表

2014 年 1 月 31 日　　　　元

部门	固定资产原值	月分类折旧率	月折旧额
生产车间	130 000.00	1.0%	1 300.00
行政管理部门	86 000.00	0.5%	430.00
销售部门	34 000.00	1.5%	510.00
合计	250 000.00	—	2 240.00

审核：林叶　　　　制单：张平

11-1

制造费用分配表

2014 年 1 月 31 日　　　　元

分配对象	分配标准/工时	分配率	分配金额
豆浆机	2 000		
榨汁机	2 600		
合 计	4 600		

审核：林叶　　　　制单：张平

12-1

利息费用计算表

2014 年 1 月　　元

费用种类	应借科目	成本或费用项目	本金	年利率	月利息
长期借款利息	财务费用	利息费用	100 000 000	12%	
合　计					

审核：林叶　　制单：张平

备注：该长期借款属于分期付息，到期还本的借款。

13-1 计提城建税和教育费附加。

14-1

产品销售成本计算表

2014 年 1 月 31 日　　元

产品名称	计量单位	销售数量	单位成本	金　额
豆浆机	台			
榨汁机	台			
合　计				

制表人：张平

15-1 31 日，按本月净利润预提所得税(本月无纳税调整项目)。

16-1 结转本月收入、成本、费用等损益类账户发生额。

训练题 2

一、训练项目与任务

(一) 填制原始凭证

以制单员身份填写业务 1 的现金支票和业务 2 的借支单。

(二) 编制资产负债表

根据鸿远制造有限责任公司期初余额和本期发生额编制 2014 年 1 月 31 日的资产负债表。

(三) 编制利润表(不填上期金额)

根据鸿远制造有限责任公司本期发生额编制 2014 年 1 月份的利润表(不填上期金额)。

(四) 编制银行存款余额调节表

根据鸿远制造有限责任公司银行存款日记账及其银行对账单编制银行存款余额调节表。

二、训练资料

(一) 企业基本情况及相关核算制度

企业名称(行业)	湖南鸿远制造有限责任公司(制造业)
主要业务和产品类型	生产豆浆机和榨汁机
单位地址、联系电话	长沙市远大路 116 号，0731-82241119
开户行及账号	中国建设银行远大路分理处 1805431500255612897
纳税人识别号	430102750563797
适应税率(增值税，所得税，城建税，教育费附加)	17%，25%，7%，3%
存货核算方法	存货采用实际成本计价，发出存货采用先进先出法计价
主要会计岗位及人员	主管：张棠　记账：王卫　出纳：刘红　审核：林叶 制单：张平
组织机构	生产车间，办公室，财务部，销售部，生产部，技术部

(二) 2014年1月31日各账户余额

元

账户名称	账户余额	
	借 方	贷 方
库存现金	1600.00	
银行存款	650 000.00	
应收账款	1 212 000.00	
安徽顺利公司	100 000.00	
国美建筑公司	1112 000.00	
坏账准备		57 000.00
其他应收款	20 000.00	
原材料	780 000.00	
生铁	6 600.00	
铸铁	773 400.00	
生产成本	720 000.00	
库存商品	560 000.00	
豆浆机	420 000.00	
榨汁机	140 000.00	
固定资产	2 328 800.00	
累计折旧		700 000.00
应交税费		87300.00
应交所得税		87300.00
应付职工薪酬		420 000.00
实收资本		5 620 000.00
资本公积		1 000 000.00
盈余公积		300 000.00
利润分配		500 000.00
合 计	7 951 400.00	7 951 400.00

(三) 业务 1

2014 年 2 月 12 日，从银行提取现金 6000 元整。

中国建设银行 现金支票存根(湘) VI II 01517209 附加信息	本支票付款期十天	中国建设银行现金支票(湘) VI II 01517209 出票日期(大写) 年 月 日 付款行名称： 收款人： 出票人账号：
		人民币 (大写) 千 百 十 万 千 百 十 元 角 分
出票日期 年 月 日 收款人： 金额： 用途：		用途： 科目(借) 上列款项请从 对方科目(贷) 我账户内支付 付讫日期 年 月 日
单位主管 会计		出票人签章 出纳 复核 记账

(四) 业务 2

2014 年 2 月 20 日，供应部采购员王伟出差去武汉采购材料借款 4000 元整，拟出差归来归还，法人代表肖月梅审批同意，出纳周红现金支付。

借支单

年 月 日

工作部门		职务		姓名	
借支金额					
借款事由			附证件		
归还日期					
核批					

会计： 出纳： 借款人：

(五) 2014 年 2 月经济业务所引起的会计账户发生额

本期账户发生额汇总表

2014 年 2 月 1 日至 28 日　　　　元

科目名称	借方金额合计	贷方金额合计
库存现金	8 000	560
银行存款	50 000	431 760
应收账款		
安徽顺利公司		50 000
国美建筑公司	351 000	
其他应收款		
李利勇	2 000	
原材料		
生铁	100 000	74 400
铸造铁	108 000	
其他		15 000
库存商品		
收割机		105 000
累计折旧		8 538
应付职工薪酬	83 000	136 800
应交税费		
应交增值税	35 360	51 000
应交所得税	87300	
本年利润	165 698	300 000
生产成本		
收割机	141 200	
粉碎机	33 400	
制造费用	31 800	31 800
主营业务收入	300 000	300 000
主营业务成本	105 000	105 000
营业税金及附加		
销售费用	1 250	1 250
管理费用	59 448	59 448
合计	2 470 556	2 470 556

资产负债表

会企 01 表

编制单位：　　　　　　　　年　月　日　　　　　　　　元

资　产	期末余额	年初余额	负债和所有者权益(或股东权益)	期末余额	年初余额
流动资产：			流动负债：		
货币资金			短期借款		
交易性金融资产			交易性金融负债		
应收票据			应付票据		
应收账款			应付账款		
预付款项			预收款项		
应收利息			应付职工薪酬		
应收股利			应交税费		
其他应收款			应付利息		
存货			应付股利		
一年内到期的非流动资产			其他应付款		
其他流动资产			一年内到期的非流动负债		
流动资产合计			其他流动负债		
非流动资产：			流动负债合计		
可供出售金融资产			非流动负债：		
持有至到期投资			长期借款		
长期应收款			应付债券		
长期股权投资			长期应付款		
投资性房地产			专项应付款		
固定资产			预计负债		
在建工程			递延所得税负债		
工程物资			其他非流动负债		
固定资产清理			非流动负债合计		
生产性生物资产			负债合计		
油气资产			所有者权益(或股东权益)：		
无形资产			实收资本(或股本)		
开发支出			资本公积		
商誉			减：库存股		
长期待摊费用			盈余公积		
递延所得税资产			未分配利润		
其他非流动资产			所有者权益(或股东权益)合计		
非流动资产合计					
资产总计			负债及所有者权益(或股东权益)总计		

利 润 表

会企 02 表

编制单位：　　　　　　　　年　月　　　　　　　　元

项　　目	本期金额	上期金额
一、营业收入		略
减：营业成本		
营业税金及附加		
销售费用		
管理费用		
财务费用		
资产减值损失		
加：公允价值变动收益(损失以“－”填列)		
投资收益(损失以“－”号填列)		
其中：对联营企业和合营企业的投资收益		
二、营业利润(亏损以“－”号填列)		
加：营业外收入		
减：营业外支出		
其中：非流动资产处置损失		
三、利润总额(亏损总额以“－”号填列)		
减：所得税费用		
四、净利润(净亏损以“－”号填列)		
五、每股收益		
(一) 基本每股收益		
(二) 稀释每股收益		

训练题 3

一、训练项目与任务

(一) 登记日记账

根据期初资料及 2013 年 12 月份的记账凭证开设并登记银行存款日记账。

(二) 编制银行存款余额调节表

根据银行存款日记账、银行对账单及 2013 年 12 月份银行存款余额调节表查找出未达账项，并以出纳的身份编制 2013 年 12 月份银行存款余额调节表。

(三) 职业道德修养

将你所编制的会计凭证整理夹好，连同账簿、调节表等资料装袋一并上交。

二、练习资料

(一) 企业基本情况

企业名称：	北京市莱尔思服饰有限公司		
开户银行：	北京市工商银行加兴路办事处		
账号：	610050828384587929		
会计(制单员)：	赵 丽	出纳：	孙 燕

(二) 2013 年 12 月份银行存款资料

银行存款余额为 760702。

银行存款余额调节表

编制单位：

开户银行及账号：

年 月 日　　　　　　元

项 目	金 额	项 目	金 额
企业银行存款日记账余额		银行对账单余额	
加：银行已收入账 企业尚未入账		加：企业已收入账 银行尚未入账	
减：银行已付入账 企业尚未入账		减：企业已付入账 银行尚未入账	
调节后余额		调节后余额	

会计主管：　　　会计：　　　出纳：

(三) 2013 年 12 月份银行对账单

北京市工商银行加兴路办事处对账单

户名：北京市莱尔思服饰有限公司　　币种：人民币　　第 1 页

账号：610050828384587929

日期	摘　要	凭证种类号码	借方	贷方	余额
2014.01.01	承上月余额				760 702
12.01	现金支出	现金支票 2121355	2 000		758702.00
12.02	现金支出	转账支票 558946	76550		682152.00
12.05	现金支出	信汇 101235	35100		647052.00
12.08	现金收款	进账单 665899		86000	733052.00
12.09	现金支出	缴款书 0124468	56100		676952.00
12.11	现金收款	进账单 665769		187500	864452.00
12.11	现金支出	转账支票 0124469	2 0000		844452.00
12.12	现金收款	进账单 0123465		600 00	904452.00
12.14	现金收款	进账单 0233465		80 000	984452.00
12.17	现金收款	进账单 665899		138000	1122452.0
12.20	现金支出	转账支票 0124349	600		1121852.0
12.21	现金支出	信汇 0175349	85900		1035952.0
12.24	现金支出	转账支票 3424469	10000		1025952.0
12.26	现金收款	进账单 63454359		58500	1084452.0
12.27	现金支出	信汇 3541734	234700		849752.00
12.30	现金支出	信汇 243449	68113		781639.00
12.31	现金收款	进账单 454359		117000	898639.00
	合计		589063.0	727000.0	898639.00

（四）2013年12月份发生的所有经济业务凭证资料（假定所有会计凭证审核无误）

记账凭证

记 字 001 号　　　　2013年12月01日　　　　附件 1 张

摘要	会计科目		借方金额										贷方金额										√
	总账科目	明细科目	千	百	十	万	千	百	十	元	角	分	千	百	十	万	千	百	十	元	角	分	
提取现	库存现金						2	0	0	0	0	0											
金备用	银行存款																2	0	0	0	0	0	
合计金额						¥	2	0	0	0	0	0				¥	2	0	0	0	0	0	

主管：赵丽　　审核：李一明　　制单：王飞　　出纳：孙燕

记账凭证

记 字 002 号　　　　2013年12月02日　　　　附件 2 张

摘要	会计科目		借方金额										贷方金额										√
	总账科目	明细科目	千	百	十	万	千	百	十	元	角	分	千	百	十	万	千	百	十	元	角	分	
向北京宏达	原材料	毛呢布料				5	0	3	5	8	0	0											
纺织购买原	原材料	纯棉布料				1	5	1	0	7	0	0											
材料	应交税费	应交增值税（进项税）				1	1	0	8	5	0	0											
	银行存款															7	6	5	5	0	0	0	
合计金额					¥	7	6	5	5	0	0	0			¥	7	6	5	5	0	0	0	

主管：赵丽　　审核：李一明　　制单：王飞　　出纳：孙燕

记账凭证

记 字 003 号　　　　2013 年 12 月 05 日　　　　附件 2 张

摘要	会计科目		借方金额										贷方金额										√
	总账科目	明细科目	千	百	十	万	千	百	十	元	角	分	千	百	十	万	千	百	十	元	角	分	
向北京阳光	原材料	辅助材料				3	0	0	0	0	0	0											
贸易有限公	应交税费	应交增值税(进项税)					5	1	0	0	0	0											
司采购辅料	银行存款															3	5	1	0	0	0	0	
合计金额					¥	3	5	1	0	0	0	0			¥	3	5	1	0	0	0	0	

主管：赵丽　　审核：李一明　　制单：王飞　　出纳：孙燕

记账凭证

记 字 004 号　　　　2013 年 12 月 08 日　　　　附件 1 张

摘要	会计科目		借方金额										贷方金额										√
	总账科目	明细科目	千	百	十	万	千	百	十	元	角	分	千	百	十	万	千	百	十	元	角	分	
收到上海龙	银行存款					8	6	0	0	0	0	0											
光贸易前欠	应收账款	上海龙光贸易														8	6	0	0	0	0	0	
货款																							
合计金额					¥	8	6	0	0	0	0	0			¥	8	6	0	0	0	0	0	

主管：赵丽　　审核：李一明　　制单：王飞　　出纳：孙燕

记账凭证

记 字 005 号　　　　2013 年　12 月　09 日　　　　附件 2 张

摘要	会计科目		借方金额										贷方金额										√
	总账科目	明细科目	千	百	十	万	千	百	十	元	角	分	千	百	十	万	千	百	十	元	角	分	
缴纳上月税费	应交税费	未交增值税				5	0	0	0	0	0	0											
		应交营业税					1	0	0	0	0	0											
		应交城市维护建设税					3	5	7	0	0	0											
		应交教育费附加					1	5	3	0	0	0											
	银行存款															5	6	1	0	0	0	0	
合计金额					¥	5	6	1	0	0	0	0			¥	5	6	1	0	0	0	0	

主管：赵丽　　审核：李一明　　制单：王飞　　出纳：孙燕

记账凭证

记 字 006 号　　　　2013 年　12 月　11 日　　　　附件 2 张

摘要	会计科目		借方金额										贷方金额										√
	总账科目	明细科目	千	百	十	万	千	百	十	元	角	分	千	百	十	万	千	百	十	元	角	分	
向上海龙光贸易有限公司销售西装	银行存款				1	8	7	5	0	0	0	0											
	主营业务收入	西装													1	6	0	0	0	0	0	0	
	应交税费	应交增值税(销项税)														2	7	2	0	0	0	0	
	库存现金																	3	0	0	0	0	
合计金额				¥	1	8	7	5	0	0	0	0		¥	1	8	7	5	0	0	0	0	

主管：赵丽　　审核：李一明　　制单：王飞　　出纳：孙燕

记账凭证

记 字 007 号　　　　2013 年 12 月 11 日　　　　附件 2 张

摘要	会计科目		借方金额										贷方金额										√
	总账科目	明细科目	千	百	十	万	千	百	十	元	角	分	千	百	十	万	千	百	十	元	角	分	
支付施林广告公司广告费	销售费用					2	0	0	0	0	0	0											
	银行存款															2	0	0	0	0	0	0	
合计金额					¥	2	0	0	0	0	0	0			¥	2	0	0	0	0	0	0	

主管：赵丽　　审核：李一明　　制单：王飞　　出纳：孙燕

记账凭证

记 字 008 号　　　　2013 年 12 月 12 日　　　　附件 2 张

摘要	会计科目		借方金额										贷方金额										√
	总账科目	明细科目	千	百	十	万	千	百	十	元	角	分	千	百	十	万	千	百	十	元	角	分	
出售商标权	银行存款					6	0	0	0	0	0	0											
	累计摊销					2	8	8	0	0	0	0											
	无形资产	商标权														7	2	0	0	0	0	0	
	应交税费	应交营业税															3	0	0	0	0	0	
	营业外收入															1	3	8	0	0	0	0	
合计金额					¥	8	8	8	0	0	0	0			¥	8	8	8	0	0	0	0	

主管：赵丽　　审核：李一明　　制单：王飞　　出纳：孙燕

记账凭证

记 字 009 号　　　　2013 年 12 月 14 日　　　　附件 1 张

摘要	会计科目		借方金额										贷方金额										√
	总账科目	明细科目	千	百	十	万	千	百	十	元	角	分	千	百	十	万	千	百	十	元	角	分	
收到北京英	银行存款					8	0	0	0	0	0	0											
航公司捐赠	营业外收入															8	0	0	0	0	0	0	
合计金额					¥	8	0	0	0	0	0	0			¥	8	0	0	0	0	0	0	

主管：赵丽　　审核：李一明　　制单：王飞　　出纳：孙燕

记账凭证

记 字 010 号　　　　2013 年 12 月 17 日　　　　附件 1 张

摘要	会计科目		借方金额										贷方金额										√
	总账科目	明细科目	千	百	十	万	千	百	十	元	角	分	千	百	十	万	千	百	十	元	角	分	
收到长城国	银行存款				1	3	8	0	0	0	0	0											
际酒店的前	应收账款	长城国际													1	3	8	0	0	0	0	0	
欠款																							
合计金额				¥	1	3	8	0	0	0	0	0		¥	1	3	8	0	0	0	0	0	

主管：赵丽　　审核：李一明　　制单：王飞　　出纳：孙燕

记账凭证

记 字 011 号　　　　2013 年 12 月 20 日　　　　附件 2 张

摘要	会计科目		借方金额										贷方金额										√
	总账科目	明细科目	千	百	十	万	千	百	十	元	角	分	千	百	十	万	千	百	十	元	角	分	
向北京市邮	管理费用	报刊费						6	0	0	0	0											
政局预付报	银行存款																	6	0	0	0	0	
刊费																							
合计金额							¥	6	0	0	0	0					¥	6	0	0	0	0	

主管：赵丽　　审核：李一明　　制单：王飞　　出纳：孙燕

记账凭证

记 字 012 号　　　　2013 年 12 月 21 日　　　　附件 4 张

摘要	会计科目		借方金额										贷方金额										√
	总账科目	明细科目	千	百	十	万	千	百	十	元	角	分	千	百	十	万	千	百	十	元	角	分	
向黎明实业	在建工程					7	3	9	3	0	0	0											
有限公司购	应交税费	应交增值税(进项税)				1	1	9	7	0	0	0											
买剪裁机设	银行存款															8	5	9	0	0	0	0	
备																							
合计金额					¥	8	5	9	0	0	0	0			¥	8	5	9	0	0	0	0	

主管：赵丽　　审核：李一明　　制单：王飞　　出纳：孙燕

记账凭证

记 字 013 号　　　　2013 年 12 月 24 日　　　　附件 1 张

摘要	会计科目		借方金额										贷方金额										√
	总账科目	明细科目	千	百	十	万	千	百	十	元	角	分	千	百	十	万	千	百	十	元	角	分	
支付北京建	管理费用					1	0	0	0	0	0	0											
安公司维修	银行存款															1	0	0	0	0	0	0	
办公楼费用																							
合计金额					¥	1	0	0	0	0	0	0			¥	1	0	0	0	0	0	0	

主管：赵丽　　审核：李一明　　制单：王飞　　出纳：孙燕

记账凭证

记 字 014 号　　　　2013 年 12 月 26 日　　　　附件 3 张

摘要	会计科目		借方金额										贷方金额										√
	总账科目	明细科目	千	百	十	万	千	百	十	元	角	分	千	百	十	万	千	百	十	元	角	分	
向兴城服饰	银行存款				3	5	1	0	0	0	0	0											
销售产品	主营业务收入	西装													2	4	0	0	0	0	0	0	
		衬衫														6	0	0	0	0	0	0	
	应交税费	应交增值税(销项税)														5	1	0	0	0	0	0	
合计金额				¥	3	5	1	0	0	0	0	0		¥	3	5	1	0	0	0	0	0	

主管：赵丽　　审核：李一明　　制单：王飞　　出纳：孙燕

记账凭证

记 字 015 号　　　　2013 年 12 月 28 日　　　　附件 2 张

摘要	会计科目		借方金额										贷方金额										√
	总账科目	明细科目	千	百	十	万	千	百	十	元	角	分	千	百	十	万	千	百	十	元	角	分	
支付北京电	管理费用							4	6	0	0	0											
信局话费	制造费用							3	4	0	0	0											
	银行存款																	8	0	0	0	0	
合计金额							¥	8	0	0	0	0					¥	8	0	0	0	0	

主管：赵丽　　审核：李一明　　制单：王飞　　出纳：孙燕

记账凭证

记 字 016 号　　　　2013 年 12 月 30 日　　　　附件 1 张

摘要	会计科目		借方金额										贷方金额										√
	总账科目	明细科目	千	百	十	万	千	百	十	元	角	分	千	百	十	万	千	百	十	元	角	分	
支付前欠赛	应付账款	赛尔公司				6	8	1	1	3	0	0											
尔公司货款	银行存款															6	8	1	1	3	0	0	
合计金额					¥	6	8	1	1	3	0	0			¥	6	8	1	1	3	0	0	

主管：赵丽　　审核：李一明　　制单：王飞　　出纳：孙燕

记账凭证

记 字 017 号　　　　2013 年 12 月 31 日　　　　附件 4 张

摘要	会计科目		借方金额										贷方金额										√
	总账科目	明细科目	千	百	十	万	千	百	十	元	角	分	千	百	十	万	千	百	十	元	角	分	
向新世纪商	应收票据				4	2	1	8	0	0	0	0											
贸有限公司	主营业务收入														3	6	0	0	0	0	0	0	
销售产品	应交税费	应交增值税(销项税)														6	1	2	0	0	0	0	
	银行存款																	6	0	0	0	0	
合计金额				¥	4	2	1	8	0	0	0	0		¥	4	2	1	8	0	0	0	0	

主管：赵丽　　　　审核：李一明　　　　制单：王飞　　　　出纳：孙燕

训练题 4

一、注意事项

(1) 填制会计凭证时，根据资料给定的工作人员名单在相应位置签章。

(2) 设置账簿时，按会计账簿登记规则填写摘要栏。

(3) 训练结束后，注意用具摆放整齐，随时保持桌面及周围环境的整洁。

二、训练要求

(一) 完成下列账户的设置、登记及结账工作(结账时必须结出本月合计)

(1) “原材料”总账；

(2) “库存现金”日记账；

(3) “应收账款——上海顺利建材公司”明细账；

(4) “原材料——生铁”明细账；

(5) “管理费用”明细账。

(二) 根据本期发生的经济业务填制审核会计凭证

(1) 填写业务中空白的原始凭证(1-1 现金支票、6-1 银行进账单)。

(2) 根据所给的原始凭证或原始凭证汇总表编制记账凭证，其中“原材料”、“应交税费”、“应收账款”、“生产成本”、“库存商品”要求填写明细科目；其他科目可以不写明细科目，记账凭证要素应填写齐全。

(3) 期末结转损益类账户余额。

(三) 编制会计报表

(1) 编制资产负债表，其中金额只填写期末数；

(2) 编制利润表，其中金额只填写本月数。

(四) 整理装订会计档案

(1) 以制单员的身份整理装订会计凭证并填写凭证封面。

(2) 未装订的单据与日记账、明细账、总账及会计报表一起按顺序整理夹好，并和记账凭证一并装于档案袋中。

三、训练资料

(一) 企业基本情况

企业名称(行业)	湖南千海有限公司(制造业)
主要业务和产品类型	生产搅拌机和和泥机
单位地址、联系电话	长沙市岳麓南路48号，0731-82442066
邮政编码、电子邮件	410033，hnqh@163.com
法人代表及联系电话	王海之，0731-86223318
注册资金和记账本位币	60万元，人民币(RMB)
开户银行和账号	中国建设银行岳麓南路支行 2435435676876432346
纳税人识别号	430545453453454
适用税率(附加率)	增值税税率 17%，企业所得税税率 25%，城建税税率为7%，教育费附加征收率为 3 %
账务处理程序	记账凭证账务处理程序
存货核算方法	采用实际成本法，发出存货采用先进先出法，产品生产采用品种法
主要会计岗位及人员	王海之(财务部长)，牛德(会计主管)，李刚(记账)，胡德夫(审核)，魏星(制单)，赵三(出纳)
组织机构	财务部，行政部，销售部，生产部，技术部，物流部

(二) 2014年12月31日总账账户余额

元

科目名称	方向	余 额	科目名称	方向	余 额
库存现金	借	2 000.00	应付账款	贷	25 000.00
银行存款	借	960 000.00	预收账款	贷	56 000.00
其他货币资金	借	30 000.00	应付职工薪酬	贷	1380 00.00
应收票据	借	50 000.00			
应收账款	借	130 000.00			
其他应收款	借	18 000.00			
坏账准备	贷	3 200.00	实收资本	贷	12 000 000.00
原材料	借	200 000.00	资本公积	贷	600 000.00
生产成本	借	120 000.00	盈余公积	贷	163 800.00
库存商品	借	720 000.00	利润分配	贷	362 000.00
固定资产	借	10 640 000.00			
累计折旧	贷	200 000.00			
在建工程	借	680 000.00			
合 计	借	13 550 000.00	合 计	贷	13 550 000.00

(三) 2014 年 12 月 31 日有关明细账户余额

(1) “应收账款”明细账：

日期	客户	摘要	金额
2014-08-05	胡海建筑公司	销售商品	40 000.00
2014-09-05	湖北盛世公司	销售商品	10 000.00
2014-12-30	上海顺利公司	销售商品	80 000.00

(2) “其他应收款”明细账：

日期	个人	摘要	金额
2014-12-21	苏醒	预借差旅费	8 000.00
2014-12-24	牛德	预借差旅费	10 000.00

(3) “坏账准备—应收账款”明细账贷方余额为 3 200.00 元。

(4) “生产成本”明细账：

产品名称		直接材料	直接人工	制造费用	合计
搅拌机	总成本/元	40 000.00	26 000.00	14 000.00	80 000.00
	在产数量	5 台			
	单位成本/元	8 000.00	5 200.00	2 800.00	16 000.00
和泥机	总成本/元	24 000.00	8 800.00	7 200.00	40 000.00
	在产数量	8 台			
	单位成本/元	3 000.00	1 100.00	900.00	5 000.00

(5) “原材料”明细账：

材料名称	计量单位	数量	单位成本/元	金额/元
生铁	公斤	50 000	2.00	100 000.00
铸铁	公斤	20 000	3.00	60 000.00
其他	公斤	10 000	4.00	40 000.00
合　计				200 000.00

(6)“库存商品”明细账：

产品名称	数量/台	单位成本/元	金额/元
搅拌机	18	35 000.00	630 000.00
和泥机	9	10 000.00	90 000.00
合　计			720 000.00

(7)“应付账款—广东必成公司”明细账贷方余额为 25 000.00 元。

(8)“预收账款—江西兴盛公司”明细账贷方余额为 56 000.00 元。

(四) 2015 年 1 月发生的经济业务

1-1　1 日，从开户银行提取现金 20 000 元备用(要求填写现金支票)。

1-1

中国建设银行 现金支票存根(湘) VI II 01517206 附加信息	本支票付款期十天	中国建设银行现金支票(湘)VI II 01517206 出票日期(大写)　年　月　日　　付款行名称： 收款人：　　出票人账号：
		人民币 (大写)　　千 百 十 万 千 百 十 元 角 分
出票日期　年　月　日		用途：　　科目(借)
收款人：		上列款项请从　　对方科目(贷)
金额：		我账户内支付　　付讫日期　年　月　日
用途：		
单位主管 王海之 会计 魏星		出票人签章　　出纳　　复核　　记账

湖南万通有限公司
财务专用章

2-1

借支单

2014 年 1 月 2 日

工作部门	厂部	职务	办公室主任	姓名	周勇
借支金额	人民币 伍仟元整(￥5000.00)				
借款事由	去石家庄开会	附证件	会议通知		
归还日期	会议结束归还				
核批	同意借支 8000 元整　牛德				

会计：　李刚　　　出纳：　赵三　　　借支人：周勇

3-1

湖南增值税专用发票

4300102326　　　　　　**抵 扣 联**　　　　　　№ 00218856

开票日期：2015 年 1 月 6 日

购货单位	名　　称：湖南千海有限公司 纳税人识别号：430545453453454 地址、电话：长沙市芙蓉南路 158 号 0731-82242068 开户行及账号：建设银行芙蓉路支行 2435435676876432346	密码区	2488－1<9－7－61596274 8<032/52>9/29536－49741626<8－3024>82906－2－47－6<7>2*－/>*>6/ 加密版本：01 4300102326 00218856

货物或应税劳务名称	规格型号	单位	数量	单价	金额	税率	税额
生铁		公斤	50 000	2.00	100 000.00	17 %	17 000.00
铸铁		公斤	40 000	3.00	120 000.00	17 %	20 400.00
合计					¥220 000.00		¥37 400.00
价税合计（大写）	⊗贰拾伍万柒仟肆佰元整				（小写）¥257 400.00		

销货单位	名　　称：长沙金属材料公司 纳税人识别号：430102014584862 地址、电话：长沙市五一路 66 号 0731-82875128 开户行及账号：工行五一路分理处 9558801901104809049	备注	

收款人：邱响　　复核：陈林　　开票人：赖立　　销货单位（章）

第二联 抵扣联 购货方抵扣

3-2

湖南增值税专用发票

4300102326　　　　　　**发 票 联**　　　　　　№ 00218856

开票日期：2015 年 1 月 6 日

购货单位	名　　称：湖南千海有限公司 纳税人识别号：430545453453454 地址、电话：长沙市芙蓉南路 158 号 0731-82242068 开户行及账号：建设银行芙蓉路支行 2435435676876432346	密码区	2488－1<9－7－61596274 8<032/52>9/29536－49741626<8－3024>82906－2－47－6<7>2*－/>*>6/ 加密版本：01 4300102326 00218856

货物或应税劳务名称	规格型号	单位	数量	单价	金额	税率	税额
生铁		公斤	50 000	2.00	100 000.00	17 %	17 000.00
铸铁		公斤	40 000	3.00	120 000.00	17 %	20 400.00
合计					¥220 000.00		¥37 400.00
价税合计（大写）	⊗贰拾伍万柒仟肆佰元整				（小写）¥257 400.00		

销货单位	名　　称：长沙金属材料公司 纳税人识别号：430102014584862 地址、电话：长沙市五一路 66 号 0731-82875128 开户行及账号：工行五一路分理处 9558801901104809049	备注	

收款人：邱响　　复核：陈林　　开票人：赖立　　销货单位（章）

第三联 发票联 购货方记账凭证

3-3

中国建设银行 转账支票存根(湘) VI II 01514506	本 支 票 付 款 期 十 天	中国建设银行转账支票(湘) VI II 01514506
附加信息		出票日期(大写)贰零壹零年零壹月零陆日　付款行名称：建行芙蓉路支行 收款人：长沙金属材料公司　出票人账号：2435435676876432346
出票日期 2015 年 1 月 6 日		人民币(大写) 贰拾伍万柒仟肆佰元整
收款人：长沙金属材料公司		用途：材料款　科目(借)
金额：¥257 400.00		上列款项请从　对方科目(贷)
用途：材料款		我账户内支付　付讫日期　年　月　日
单位主管 王海之 会计 魏星		出票人签章　王海之印　出纳　复核　记账

千	百	十	万	千	百	十	元	角	分
	¥	2	5	7	4	0	0	0	0

湖南万通有限公司 财务专用章

3-4

收 料 单

供应单位：长沙金属材料公司　　　　编号：0168

发票号码：00218856　　2015 年 1 月 6 日　　仓库：一仓库

规格	材料名称	编号	数量		实际价格(元)														
			应收	实收	单位	单价	发票金额	运杂费	合计										
									千	百	十	万	千	百	十	元	角	分
	生铁		50 000	50 000	公斤	2.000	100 000.00				1	0	0	0	0	0	0	0
	铸铁		40 000	40 000	公斤	3.000	120 000.00				1	2	0	0	0	0	0	0
备注			验收人盖章	杨凡	合计¥220 000.00													

第二联：会计部门

审核：胡德夫　　　　制单：万 英

4-1

领料单

领料部门：　生产部　　　　2015 年 1 月 8 日　　　　编号：0019

材料编号	材料名称	规格	单位	请领数量	实发数量	单价/元	金额/元
0001	生铁		公斤	30 000	30 000	2.00	60 000.00
用途	生产搅拌机	领料部门			发料部门		
		负责人		领料人	核准人		发料人
		苏成		万琴	聂力		陈江

第二联会计部门记账

4-2

领料单

领料部门：生产部　　　　2015 年 1 月 8 日　　　　编号：0020

材料编号	材料名称	规格	单位	请领数量	实发数量	单价/元	金额/元
0002	铸铁		公斤	10 000	10 000	3.00	30 000.00
用途	生产和泥机	领料部门			发料部门		
		负责人		领料人	核准人		发料人
		苏成		王香	聂力		陈江

第二联会计部门记账

4-3

领料单

领料部门：生产部　　　　2015 年 1 月 8 日　　　　编号：0021

材料编号	材料名称	规格	单位	请领数量	实发数量	单价/元	金额/元
0003	其他材料		公斤	2 000	2 000	4.00	8 000.00
用途	一般耗用	领料部门			发料部门		
		负责人		领料人	核准人		发料人
		苏成		谢佩	聂力		陈江

第二联会计部门记账

4-4

领 料 单

领料部门：行政部　　　　2015 年 1 月 8 日　　　　编号：0022

材料编号	材料名称	规格	单位	请领数量	实发数量	单价/元	金额/元
0003	其他材料		公斤	500	500	4.00	2 000.00
用途	一般耗用	领料部门			发料部门		
		负责人		领料人	核准人		发料人
		周 勇		尹 均	聂 力		陈 江

第二联会计部门记账

5-1

湖南增值税专用发票

4300108678　　　　№ 01022239

此联不作报销、扣税凭证使用　　　　开票日期：2015 年 1 月 10 日

购货单位	名　　称：胡海建筑公司 纳税人识别号：430901506093362 地址、电话：湖南津市车胤大道 48 号 0736-4230580 开户行及账号：建行津市支行 4367056753846863218	密码区	2488－1＜9－7－ 615962748＜032/52 ＞9/29536－4984 1626＜8－3043＞82906－ 2－47－6＜7＞2*－/＞* ＞6/
			加密版本：01 4300108678 01022239

货物或应税劳务名称	规格型号	单位	数量	单价	金额	税率	税额
搅拌机		台	6	60 000.00	360 000.00	17%	61 200.00
和泥机		台	8	20 000.00	160 000.00	17%	27 200.00
合计					¥520 000.00		¥88 400.00
价税合计（大写）	⊗陆拾万捌仟肆佰元整				（小写）¥608 400.00		

销货单位	名　　称：湖南千海有限公司 纳税人识别号：430545453453454 地址、电话：长沙市芙蓉南路 158 号 0731-82242068 开户行及账号：建设银行芙蓉路支行 2435435676876432346	备注	

收款人：赵三　　复核：胡德夫　　开票人：李刚　　销货单位（章）

湖南万通有限公司 43010 2050678168 发票专用章

第一联 记账联 销货方记账凭证

5-2

中国建设银行托收承付凭证(回单)　　第 0680152 号

委托时间 2015 年 1 月 10 日

付款人	全称	胡海建筑公司	收款人	全称	湖南千海有限公司
	账号	4367056753846863218		账号	2435435676876432346
	开户银行	建行津市支行		开户银行	建行芙蓉路支行

托收金额	千	百	十	万	千	百	十	元	角	分
人民币(大写) 陆拾万捌仟肆佰元整		¥	6	0	8	4	0	0	0	0

票据种类		收款人开户银行盖章
票据张数		
单位主管　会计　复核　记账		

中国建设银行芙蓉路支行 10.01.10 业务章

单位主管：王海之　　会计：魏星　　复核：胡德夫　　记账：李刚

5-3

产品出库单

购货单位：胡海建筑公司　　2015 年 1 月 10 日　　第 1205 号

产品名称	计量单位	出库数量	单位成本/元	金额/元
搅拌机	台	6		
和泥机	台	8		
合计				

销售部负责人：齐美　　仓库经办人：张阳　　制表：李沛

6-1　2015年1月12日收到上海顺利公司银行汇票一张，归还原欠货款80 000元。上海顺利公司开户行为中国建行福州路支行，账号为4367480007713996319，地址为上海市福州路725号，电话为021-63226610。要求填写进账单(附件1张)。

中国建设银行进账单(收账通知)

币种：人民币　　　　　　　　年　月　日　　　　　　　　第0001589号

<table>
<tr><td rowspan="3">收款人</td><td>全　称</td><td colspan="3"></td><td rowspan="3">付款人</td><td>全　称</td><td colspan="11"></td></tr>
<tr><td>账　号</td><td colspan="3"></td><td>账　号</td><td colspan="11"></td></tr>
<tr><td>开户银行</td><td colspan="3"></td><td>开户银行</td><td colspan="11"></td></tr>
<tr><td colspan="5" rowspan="2">人民币(大写)</td><td>千</td><td>百</td><td>十</td><td>万</td><td>千</td><td>百</td><td>十</td><td>元</td><td>角</td><td>分</td></tr>
<tr><td></td><td></td><td></td><td></td><td></td><td></td><td></td><td></td><td></td><td></td></tr>
<tr><td colspan="2">票据种类</td><td></td><td rowspan="2">用途</td><td rowspan="2"></td><td colspan="12" rowspan="3">收款人开户银行盖章
中国建设银行芙蓉路支行
10.01.12
业务章</td></tr>
<tr><td colspan="2">票据张数</td><td></td></tr>
<tr><td colspan="5">单位主管　会计　复核　记账</td></tr>
</table>

7-1

工资费用分配表

2015年1月31日　　　　　　　　　　元

应借科目		直接计入	分配计入			工资费用合计
			生产工时	分配率	分配金额	
生产成本	搅拌机	60 000				60 000
	和泥机	20 000				20 000
制造费用		30 000				30 000
管理费用		25 000				25 000
销售费用		15 000				15 000
合　计		150 000				150 000

人资处主管：刘亮　审核：李刚　制表：魏星　会计主管：牛德　核算：彭军

8-1

中国建设银行 转账支票存根(湘)	中国建设银行转账支票(湘) VI II 01517309
VI II 01517309	出票日期(大写)贰零壹零年零壹月叁拾壹日 付款行名称：建行芙蓉路支行
附加信息	收款人：湖南千海有限公司工资户 出票人账号：2435435676876432346
	人民币(大写) 壹拾叁万捌仟元整 ¥ 1 3 8 0 0 0 0 0
出票日期 2015 年 1 月 31 日	本支票付款期十天
收款人：湖南千海有限公司工资户	用途：工资款 科目(借)
金额：¥138 000.00	上列款项请从我账户内支付 对方科目(贷)
用途：工资款	出票人签章 [王海之印] [湖南千海有限公司财务专用章] 付讫日期 年 月 日
单位主管：王海之 会计：李刚	出纳 复核 记账

9-1

固定资产折旧计算表

2015 年 1 月 31 日 元

部　　门	固定资产原值	月分类折旧率	月折旧额
生产车间小计	5 200 000.00		
其中：房屋建筑物	1 600 000.00	0.25%	
机器设备	3 600 000.00	1%	
行政管理部门小计	4 000 000.00		
其中：房屋建筑物	2 000 000.00	0.25%	
设备	2 000 000.00	1.25%	
销售部门小计	1 440 000.00		
其中：房屋建筑物	800 000.00	0.25%	
设备	640 000.00	1.25%	
合　　计	10 640 000.00	—	

审核：胡德夫　　　　制单：魏星

10-1

水电费分配表

2015 年 1 月 31 日

分配对象		用水		用电		合计
		数量/吨	金额/元	数量/度	金额/元	
生产部	搅拌机	1 000	2 000.00	3000	3 000.00	5 000.00
	和泥机	225	450.00	750	750.00	1 200.00
生产部一般耗用		150	300.00	500	500.00	800.00
行政管理部门(包括行政部、技术部、财务部、物流部)		75	150.00	450	450.00	600.00
销售部		50	100.00	300	300.00	400.00
合　　计		1 500	3 000.00	5000	5 000.00	8 000.00

审核：　胡德夫　　　　　　　　　　　　　　　　制单：魏星

10-2

湖南增值税专用发票

4300107235　　　　　　　　　　　　　№ 02127229

抵　扣　联

开票日期：2015 年 1 月 31 日

购货单位	名　　称：湖南千海有限公司 纳税人识别号：430545453453454 地址、　电话：长沙市芙蓉南路 158 号 0731-82242068 开户行及账号：建设银行芙蓉路支行 2435435676876432346	密码区	2489－1<9－7－ 615962848<032/52 >9/29533－ 49741626<8－3024 >82906－2－47－6 <7>2*－/> 加密版本：01 4300107235 02127229

货物或应税劳务名称	规格型号	单位	数量	单价	金额	税率	税额
水		吨	1 500	2.00	3 000.00	13 %	390.00
合计					¥3 000.00		¥390.00
价税合计（大写）	⊗叁仟叁佰玖拾元整　（小写）¥3 390.00						

销货单位	名　　称：长沙市自来水公司 纳税人识别号：430108521496360 地址、　电话：体育路 8 号 0731-88652348 开户行及账号：建行体育路分理处 4367201466421825237	备注	

第二联　抵扣联　购货方抵扣

收款人：　　　　　复核：　　　　　开票人：　陈章　　　　　销货单位：（章）

长沙市自来水公司 430108 521496360 发票专用章

10-3

湖南增值税专用发票

4300107235　　发票联　　№ 02127229

开票日期：2015 年 1 月 31 日

购货单位	名　称：湖南千海有限公司 纳税人识别号：4430545453453454 地址、电话：长沙市芙蓉南路 158 号 0731-82242068 开户行及账号：建设银行芙蓉路支行 2435435676876432346			密码区	2489－1＜9－7－ 615962848＜032/52 ＞9/29533－ 49741626＜8－3024 ＞82906－2－47－6 ＜7＞2*－/＞	加密版本： 01 4300107235 02127229	
货物或应税劳务名称	规格型号	单位	数量	单价	金额	税率	税额
水		吨	1 500	2.00	3000.00	13％	390.00
合计					¥3 000.00		¥390.00
价税合计（大写）	⊗叁仟叁佰玖拾元整　　（小写）¥3 390.00						
销货单位	名　称：长沙市自来水公司 纳税人识别号：430108521496360 地址、电话：体育路 8 号 0731-88652348 开户行及账号：建行体育路分理处 4367201466421825237			备注			

收款人：　　复核：　　开票人：陈章　　销货单位（章）

第三联 发票联 购货方记账凭证

10-4

委电　委托收款凭证（付款通知）5

委托号码：第 05426 号

委托日期 2015 年 1 月 31 日　　付款日期：2015 年 1 月 31 日

付款人	全　称	湖南千海有限公司	收款人	全　称	长沙市自来水公司										
	账号或地址	2435435676876432346		账号或地址	4367201466421825237										
	开户银行	建设银行芙蓉路支行		开户银行	建行	行号	09								
委收金额	人民币（大写）	⊗叁仟叁佰玖拾元整				千	百	十	万	千	百	十	元	角	分
									¥	3	3	9	0	0	0
款项内容	水费	委托收款凭证名称		附寄单证张数	1 张										
备注：		付款人注意： 1. 应于见票当日通知开户行划款。 2. 如需拒付，应在规定期限内，将拒付理由书并附债务证明退交开户行。													

单位主管　　会计　　复核　　记账　　付款人开户行收到日期 2015 年 1 月 31 日

此联付款人开户行给付款人按期付款的通知

10-5

湖南增值税专用发票

4301102562　　　　抵扣联　　　　№ 10025234

开票日期：2015 年 1 月 31 日

购货单位	名称：湖南千海有限公司 纳税人识别号：4430545453453454 地址、电话：长沙市芙蓉南路 158 号 0731-82242068 开户行及账号：建设银行芙蓉路支行 2435435676876432346				密码区	9<*9479165++5-23//61 /<<4152/-+491+10611 2>/969626*</718/489+ 7+643<476+65+56**/>>*5	加密版本：01 4301102562 10025234
货物或应税劳务名称	规格型号	单位	数量	单价	金额	税率	税额
电		度	5 000	1.00	5 000.00	17 %	850.00
合计					¥5 000.00		¥850.00
价税合计（大写）	⊗伍仟捌佰伍拾元整　（小写）¥5 850.00						
销货单位	名称：长沙市电业局 纳税人识别号：430101543552497 地址、电话：建设路 78 号 0731-85652346 开户行及账号：工行建设路分行 7861052454663896689				备注		

收款人：　　复核：　　开票人：李晨　　销货单位（章）

第二联 抵扣联 购货方抵扣

10-6

湖南增值税专用发票

4301102562　　　　发票联　　　　№ 10025234

开票日期：2015 年 1 月 31 日

购货单位	名称：湖南千海有限公司 纳税人识别号：4430545453453454 地址、电话：长沙市芙蓉南路 158 号 0731-82242068 开户行及账号：建设银行芙蓉路支行 2435435676876432346				密码区	9<*9479165++5-23//61 /<<4152/-+491+10611 2>/969626*</718/489+ 7+643<476+65+56**/>>*5	加密版本：01 4301102562 10025234
货物或应税劳务名称	规格型号	单位	数量	单价	金额	税率	税额
电		度	5 000	1.00	5000.00	17 %	850.00
合计					¥5000.00		¥850.00
价税合计（大写）	⊗伍仟捌佰伍拾元整　（小写）¥5 850.00						
销货单位	名称：长沙市电业局 纳税人识别号：430101543552497 地址、电话：建设路 78 号 0731-85652346 开户行及账号：工行建设路分行 7861052454663896689				备注		

收款人：　　复核：　　开票人：李晨　　销货单位（章）

第三联 发票联 购货方记账凭证

10-7

委电 委托收款凭证(付款通知) 5

委托号码：第 16725 号

委托日期 2015 年 1 月 31 日　　付款日期: 2015 年 1 月 31 日

<table>
<tr><td rowspan="3">付款人</td><td>全　称</td><td>湖南千海有限公司</td><td rowspan="3">收款人</td><td>全　称</td><td colspan="11">长沙市电业局</td></tr>
<tr><td>账　号
或地址</td><td>2435435676876432346</td><td>账　号
或地址</td><td colspan="11">7861052454663896689</td></tr>
<tr><td>开户银行</td><td>建设银行芙蓉路支行</td><td>开户银行</td><td>建行</td><td colspan="5">行号</td><td colspan="5">09</td></tr>
<tr><td rowspan="2">委收
金额</td><td rowspan="2">人民币
(大写)</td><td colspan="3" rowspan="2">⊗伍仟捌佰伍拾元整</td><td>千</td><td>百</td><td>十</td><td>万</td><td>千</td><td>百</td><td>十</td><td>元</td><td>角</td><td>分</td><td></td></tr>
<tr><td></td><td></td><td></td><td>¥</td><td>5</td><td>8</td><td>5</td><td>0</td><td>0</td><td>0</td><td></td></tr>
<tr><td>款项
内容</td><td>电费</td><td>委托收款
凭证名称</td><td></td><td>附寄单
证张数</td><td colspan="11">1 张</td></tr>
<tr><td colspan="3">备注：</td><td colspan="13">付款人注意：
1. 应于见票当日通知开户行划款。
2. 如需拒付，应在规定的期限内，将拒付理由书并附债务证明退交开户行。</td></tr>
</table>

此联付款人开户行给付款人按期付款的通知

中国建设银行芙蓉路支行 10.01.31 业务章

单位主管　　会计　　复核　　记账　　付款人开户行收到日期 2015 年 1 月 31 日

11-1

湖南千海有限公司现金付讫凭单

2015 年 1 月 31 日　　第 106 号

付款事由	支付管理部门维修费
金额(大写)	壹仟壹佰柒拾元整　　小写：¥1 170.00
备注：	

现金付讫

会计主管：牛德　　复核：胡德夫　　批准部门：管理部　　收款人：孟龙

11-2

湖南增值税专用发票

4302103768　　　　　　　　　　　　　　　　№ 11025342

抵　扣　联

开票日期：2015 年 1 月 31 日

购货单位	名　　称：湖南千海有限公司 纳税人识别号：430545453453454 地址、电话：长沙市芙蓉南路 158 号 0731-82242068 开户行及账号：建设银行芙蓉路支行 2435435676876432346			密码区	9<*9479165×＊5-23//61　加密版本：01 /<<4152/-+491+10611　4302103768 2>/869626*</718/489+　11025342 7+643<476+65+56**/>>*5

货物或应税劳务名称	规格型号	单位	数量	单价	金额	税率	税额
生产设备维修		台	1	1 000.00	1 000.00	17 %	170.00
合计					¥1 000.00		¥170.00
价税合计（大写）	⊗壹仟壹佰柒拾元整　（小写）¥1 170.00						

销货单位	名　　称：长沙市万顺设备维修公司 纳税人识别号：430206875632229 地址、电话：五一路 68 号 0731-82234567 开户行及账号：工行建设路分行 7860066000877963262	备注	长沙市万顺设备维修公司 430206875632229 发票专用章

收款人：　　复核：　　开票人：万品　　销货单位（章）

第二联　抵扣联　购货方抵扣

11-3

湖南增值税专用发票

4302103768　　　　　　　　　　　　　　　　№ 11025342

发　票　联

开票日期：2015 年 1 月 31 日

购货单位	名　　称：湖南千海有限公司 纳税人识别号：430545453453454 地址、电话：长沙市芙蓉南路 158 号 0731-82242068 开户行及账号：建设银行芙蓉路支行 2435435676876432346			密码区	9<*9479165×＊5-23//61　加密版本：01 /<<4152/-+491+10611　4302103768 2>/869626*</718/489+　11025342 7+643<476+65+56**/>>*5

货物或应税劳务名称	规格型号	单位	数量	单价	金额	税率	税额
生产设备维修		台	1	1 000.00	1000.00	17 %	170.00
合计					¥1 000.00		¥170.00
价税合计（大写）	⊗壹仟壹佰柒拾元整　（小写）¥1 170.00						

销货单位	名　　称：长沙市万顺设备维修公司 纳税人识别号：430206875632229 地址、电话：五一路 68 号 0731-82234567 开户行及账号：工行建设路分行 7860066000877963262	备注	长沙市万顺设备维修公司 430206875632229 发票专用章

收款人：　　复核：　　开票人：万品　　销货单位（章）

第三联　发票联　购货方记账凭证

12-1

城建税及教育费附加计算表

2015 年 1 月 31 日

<table>
<tr><td>计税依据</td><td>计税基础</td><td>应交税费项目</td><td>税率</td><td>应交税费</td></tr>
<tr><td>增值税</td><td></td><td rowspan="2">城建税</td><td rowspan="2"></td><td rowspan="2"></td></tr>
<tr><td>消费税</td><td></td></tr>
<tr><td>营业税</td><td></td><td rowspan="2">教育费附加</td><td rowspan="2"></td><td rowspan="2"></td></tr>
<tr><td>小计</td><td></td></tr>
<tr><td colspan="4">合计</td><td></td></tr>
</table>

会计主管：牛德　　　　复核：胡德夫　　　　制表：魏星

13-1

制造费用分配表

2015 年 1 月 31 日

产品	分配标准(生产工时)	分配率	分配金额
和泥机	60000		
搅拌机	20000		
合 计	**80000**		

审核： 胡德夫　　　　制单：魏星

14-1

产品销售成本计算表

2015 年 1 月 31 日

产品名称	计量单位	销售数量	单位成本	金 额
和泥机	台			
搅拌机	台			
合 计				

单位主管：王海之　　记账：李刚　　制表：魏星

15-1　2015 年 1 月 31 日结转本月损益类账户的余额。

资产负债表　　会企01表

编制单位：　　　　　　　　年　月　日　　　　　　　　元

资　产	期末余额	年初余额	负债和所有者权益(或股东权益)	期末余额	年初余额
流动资产：			流动负债：		
货币资金			短期借款		
交易性金融资产			交易性金融负债		
应收票据			应付票据		
应收账款			应付账款		
预付款项			预收款项		
应收利息			应付职工薪酬		
应收股利			应交税费		
其他应收款			应付利息		
存货			应付股利		
一年内到期的非流动资产			其他应付款		
其他流动资产			一年内到期的非流动负债		
流动资产合计			其他流动负债		
非流动资产：			流动负债合计		
可供出售金融资产			非流动负债：		
持有至到期投资			长期借款		
长期应收款			应付债券		
长期股权投资			长期应付款		
投资性房地产			专项应付款		
固定资产			预计负债		
在建工程			递延所得税负债		
工程物资			其他非流动负债		
固定资产清理			非流动负债合计		
生产性生物资产			负债合计		
油气资产			所有者权益(或股东权益)：		
无形资产			实收资本(或股本)		
开发支出			资本公积		
商誉			减：库存股		
长期待摊费用			盈余公积		
递延所得税资产			未分配利润		
其他非流动资产			所有者权益(或股东权益)合计		
非流动资产合计					
资产总计			负债及所有者权益(或股东权益)总计		

利润表

会企 02 表

编制单位：　　　　　　　　　　　　年　　月　　　　　　　　　　　　元

项目	行次	本期金额	上期金额(略)
一、营业收入			
减：营业成本			
营业税金及附加			
销售费用			
管理费用			
财务费用(收益以“-”号填列)			
资产减值损失			
加：公允价值变动损益(净损失以“-”号填列)			
投资收益(净损失以“-”号填列)			
二、营业利润			
加：营业外收入			
减：营业外支出			
其中：非流动资产处置净损失(净收益以“-”号填列)			
三、利润总额(亏损以“-”号填列)			
减：所得税费用			
四、净利润(亏损以“-”号填列)			
五、每股收益			
(一)基本每股收益		略	
(二)稀释每股收益		略	

训练题 5

一、训练要求

(一) 完成下列账户的设置、登账及结账工作(结账时必须结出本月合计)

(1) “生产成本”总账;

(2) “银行存款”日记账;

(3) “应收账款——大发公司”明细账;

(4) “原材料——32#圆钢”明细账;

(5) “应交税费——应交增值税”明细账。

(二) 根据本期发生的业务填制并审核会计凭证

(1) 填写业务中空白的原始凭证:业务 3-2 增值税专用发票和业务 5-2 现金支票。

(2) 根据所给的原始凭证或原始凭证汇总表编制记账凭证,其中应交税费、应收账款、库存商品、生产成本和原材料科目要求写明细科目。

(三) 编制会计报表

(1) 编制资产负债表,金额只填期末余额。

(2) 编制利润表,金额只填本期金额。

(四) 整理装订会计档案

(1) 以制单员身份整理装订会计凭证并填写会计凭证封面。

(2) 未装订的单据与日记账、明细账、总账及会计报表一起按顺序整理并夹好,和会计凭证一并装于档案袋中。

二、训练资料

(一) 企业基本情况

企业名称(行业)	长沙鑫旺机床厂(制造业)
主要业务和产品类型	生产钻床和液压器
单位地址、联系电话	长沙市含浦科教园,0731-888539152
法人代表	潘志勇
开户银行及账号	中国银行长沙市五一分理处 849876860863221
纳税人识别号	430808972114677
适应增值税税率	增值税税率 17%
存货核算方法	存货采用实际成本计价核算,发出存货成本采用移动加权平均法计算确定
折旧方法	采用平均年限法计提折旧,年综合折旧率为 6%,残值为 0
账务处理程序	记账凭证账务处理程序
主要会计岗位及人员	会计主管:陈浩 记账员:赵六 审核员:李伟 记账凭证制单员:方露 出纳员:王大卫
组织机构	厂部,财务部,销售部,采购部,技术部

(二) 有关期初数据

1. 2015 年 6 月 1 日总分类账余额

元

会计科目	期初余额	
	借 方	贷 方
库存现金	3 800.00	
银行存款	545 100.00	
交易性金融资产	15 000.00	
应收账款	56 000.00	
其他应收款	3 850.00	
原材料	59 500.00	
生产成本	82 600.00	
制造费用		
库存商品	490 000.00	
固定资产	1 042 000.00	
累计折旧		460 000.00
应付账款		70 000.00
应交税费		0
应付职工薪酬(工资)		101 680.00
实收资本		1 200 000.00
资本公积		100 000.00
盈余公积		129 820.00
本年利润		70 180.00
利润分配(未分配利润)		166 170.00
合 计	2 297 850.00	2 297 850.00

2. 2015 年 6 月 1 日有关明细账余额资料

(1) 应收账款——大发公司期初余额为借方 56 000.00 元。

(2) 原材料——32#圆钢明细账期初结存数量为 10 吨，单位成本为 4000.00 元/吨；10 mm 线材为 6 吨，单位成本为 3、250.00 元/吨。库存商品月初结存均为钻床(ZQ3050 * 10)，数量为 50 台，单位成本为 9800.00 元/台。

3. 本期发生经济业务

长沙鑫旺机床厂 2015 年 6 月份所发生的经济业务：

1-1

中国银行
现金支票存根(湘)

$\frac{D}{0}\frac{H}{2}$ 106313

附加信息

____

____

出票日期 2015 年 06 月 01 日

收款人：长沙鑫旺机床厂
金　额：￥3 000.00
用　途：备用金

单位主管：陈浩　　　　会计：赵六

2-1

收 料 单

2015 年 06 月 03 日　　　　　　　　　　字第 1 号

供应者：湘潭钢铁厂							发票号：430020234000120522									
编号	材料名称	规格	送验数量	实收数量	单位	单价/元	金额									
							千	百	十	万	千	百	十	元	角	分
	线材	10mm	20	20	吨											
	圆钢	32#	40	40	吨											
	合计															
备注				验收人签章	王宁	合计										

财务主管：陈浩　供应科长：陈洛凡　验收：王宁　采购员：李立

2-2

中国银行

转账支票存根(湘)

$\frac{D\ G}{0\ 2}$ 106209

附加信息

____

____

出票日期　2015 年 06 月 03 日

收款人：湘潭钢铁厂
金　额：￥262 548.00
用　途：采购原材料

单位主管：陈浩　　　　会计：赵六

2-3

湖南增值税专用发票

4300202340

抵 扣 联

№ 00120522

开票日期：2015 年 06 月 03 日

购货单位	名　　称： 纳税人识别号： 地址、电话： 开户行及账号：	长沙鑫旺机床厂 430808972114677 长沙市含浦科教园，888539152 中国银行长沙市五一分理处 849876860863221	密码区	2562—686 <8-4-1271 9<122@ 636<222	加密版本： 01 4300202340 00120522

货物或应税劳务名称	规格型号	单位	数量	单价	金额	税率	税额
圆钢	32#	吨	40	3960	158 400.00	17%	26 928.00
线材	10mm	吨	20	3300	66 000.00	17%	11 220.00
价税合计（大写）	⊗贰拾陆万贰仟伍佰肆拾捌元整				（小写）￥262 548.00		

销货单位	名　　称： 纳税人识别号： 地址、电话： 开户行及账号：	湘潭钢铁厂 430367894563200 湘潭市车站南路 12 号 073155584321 工商银行车站南路办事处 987236986543	备注	

收款人：　　　复核：　　　开票人：李红　　　销货单位（章）

2-4

湖南增值税专用发票

4300202340

发 票 联

№ 00120522

开票日期：2015 年 06 月 03 日

购货单位	名　　称： 纳税人识别号： 地址、电话： 开户行及账号：	长沙鑫旺机床厂 430808972114677 长沙市含浦科教园，888539152 中国银行长沙市五一分理处 849876860863221	密码区	2562—686 <8-4-1271 9<122@ 636<222	加密版本： 01 4300202340 00120522

货物或应税劳务名称	规格型号	单位	数量	单价	金额	税率	税额
圆钢	32#	吨	40	3960	158 400.00	17%	26 928.00
线材	10mm	吨	20	3300	66 000.00	17%	11 220.00
价税合计（大写）	⊗贰拾陆万贰仟伍佰肆拾捌元整				（小写）￥262 548.00		

销货单位	名　　称： 纳税人识别号： 地址、电话： 开户行及账号：	湘潭钢铁厂 430367894563200 湘潭市车站南路 12 号 073155584321 工商银行车站南路办事处 987236986543	备注	

鑫旺联 发票联 购货方记账凭证

收款人：　　　复核：　　　开票人：李红　　　销货单位（章）

3-1

产品销售单

2015 年 06 月 05 日　　　　NO 000676

购货单位	名称	南方机械厂		纳税人登记号	420169854124533
	地址、电话	芙蓉路10号 0731-82635876		开户银行及账号	建设银行韶山路支行， 26968354441
货物或劳务名称	规格型号	计量单位	数量	单价(不含税)	金 额
钻床	ZQ3050*10	台	22	13 500.00	297 000.00
合计					297 000.00
销售方式		赊销，合同约定的收款时间为 2015 年 07 月 02 日			

销售主管：李华　　　　销售人员：魏强

3-2

湖南增值税专用发票

4300102170　　　　№ 00120572

此联不作报销、扣税凭证使用　　　　开票日期:

购货单位	名　　称: 纳税人识别号: 地址、　电话: 开户行及账号:				密码区	215—1＜42＞1＞ 3＜2236＝124－ 83＞-×24=241	加密版本：01 430010217000 120572
货物或应税劳务名称	规格型号	单位	数量	单价	金额	税率	税额
价税合计(大写)	⊗		(小写)				
销货单位	名　　称: 纳税人识别号: 地址、　电话: 开户行及账号:				备注		

收款人:　　　　复核:　　　　开票人：彭一　　　　销货单位(章)

第一联 记账联 销货方记账凭证

4-1

领　料　单

领料部门：生产车间　　2015 年 06 月 08 日　　编号：45812

材料名称	编号	规格	单位	数量		单价	金额	记账
				请领	实发			
圆钢		32#	kg	5 000	5 000			
线材		10mm	kg	1 000	1 000			
工作单号	20150601	用途	钻床生产					
工作项目								

第二联 会计部门记账

审批：陈洛凡　　记账：　　发料人：王宁　　领料人：王新

4-2

领　料　单

领料部门：生产车间　　2015 年 06 月 08 日　　编号：45813

材料名称	编号	规格	单位	数量		单价	金额	记账
				请领	实发			
圆钢		32#	kg	3 000	3 000			
线材		10mm	kg	2 000	2 000			
工作单号	20150602	用途	液压器生产					
工作项目								

第二联 会计部门记账

审批：陈洛凡　　记账：　　发料人：王宁　　领料人：王新

4-3

领　料　单

领料部门：生产车间　　2015 年 06 月 08 日　　编号：45814

材料名称	编号	规格	单位	数量		单价	金额	记账
				请领	实发			
线材		10mm	kg	50	50			
工作单号	20150603	用途	车间机器设备维修					
工作项目								

第二联 会计部门记账

审批：陈洛凡　　记账：　　发料人：王宁　　领料人：王新

5-1 2015 年 6 月 10 日，提取现金发放工资，要求填写现金支票。

中国银行
现金支票存根(湘)

$\frac{D\ H}{0\ \ 2}$ 106314

附加信息

出票日期 年 月 日

收款人：	
金 额：	
用 途：	

单位主管 会计

本支票付款期限十天

中国银行 现金支票(湘) $\frac{D\ H}{0\ \ 2}$ 106314

出票日期(大写) 年 月 日 付款行名称：

收款人： 出票人账号：

人民币 (大写)	百	十	万	千	百	十	元	角	分

用途____________

上列款项请从

我账户内支付

出票人签章

长沙第三机床厂 财务专用章

潘志勇印

复核 记账

5-2

工资发放汇总表

2015 年 06 月 10 日　　　　　　　　　　　　　　　元

工号	姓　名	应发金额	实发金额	签名
1001	陈　浩	2000.00	2000.00	陈浩
1002	赵　六	1 800.00	1 800.00	赵六
1003	李　伟	1 500.00	1 500.00	李伟
1004	方　露	1 500.00	1 500.00	方露
1005	王大卫	14 00.00	14 00.00	王大卫
……	……	……		
合　计		101 680.00		

现金付讫

审核：李伟　　　　出纳：王大卫　　　　制单：方露

6-1

中国银行**进账单**(受理回单)

填制日期　2015 年 06 月 13 日　　　　第 1 号

付款人	全　称	大发公司	收款人	全　称	长沙鑫旺机床厂
	账　号	98723826340089		账　号	849876860863221
	开户银行	工商银行韶山路支行		开户银行	中国银行长沙市五一分理处
人民币(大写)	伍万陆仟元整			千 百 十 万 千 百 十 元 角 分	¥ 5 6 0 0 0 0 0
票据种类	转账支票			此联不作收款用	
票据张数	1 张			中国银行 五一分理处	
单位主管　会计　复核　记账				受理银行盖章	

此联是收款人开户行交给收款人的受理回单

注：假定商业汇票已被银行收回，该进账单是银行退回该公司作记账依据。

7-1　2015年6月16日，技术部李明去西安参加2015年机械行业交流会，经批准借差旅费3 000.00元，以现金付讫。

借款单

2015年06月16日

借款人姓名	李明	服务部门	技术部	职务	高级工程师
借款事由	去西安参加2015年机械行业交流会　现金付讫				
借款金额	(大写)叁仟元整			(小写)￥3 000.00	
备注		审批	同意借款　潘志勇　2015年6月15日		

借款人：李明　　出纳：王大卫

8-1

湖南省湘财证券公司
证券成交交割单

元

成交日期	20150623	股份余额	0
成交时间	13：56：48	成交金额	1 5000.00
股东代码	A239155158	佣金	45.00
证券代码	600765	印花税	15.00
证券名称	中航重机	过户费	1.00
买卖标志	卖出	其他费	0
成交价格	15.00	发生金额	14 939.00
成交数量	1 000	成交编号	606429

湘财证券韶山路营业部　营业专用章

经办单位：湘财证券韶山路营业部

注：资金划入证券专户中。

9-1

湖南增值税专用发票

4300102430　　　　　　　　№ 00120526

抵扣联

开票日期：2015 年 06 月 30 日

购货单位	名　　称： 纳税人识别号： 地址、　电话： 开户行及账号：	长沙鑫旺机床厂 430808972114677 长沙市含浦科教园，888539152 中国银行长沙市五一分理处 849876860863221	密码区：562—686 <1-4-1271 73<122@ 636<13 加密版本：01 43001024300 0120526

货物或应税劳务名称	规格型号	单位	数量	单价	金额	税率	税额
电		度	4 600	1.10	5 060.00	17%	860.20
价税合计(大写)	⊗伍仟玖佰贰拾元贰角整				(小写)￥5 920.20		

销货单位	名　　称： 纳税人识别号： 地址、　电话： 开户行及账号：	长沙市电业局 430164624563302 长沙市白沙路 443 号 073185912222 建行银行潇湘支行 287636986543	备注：长沙市电业局 430164624563302 发票专用章

收款人：　　　复核：　　　开票人：张夏　　　销货单位(章)

第二联 抵扣联 购货方抵扣凭证

9-2

湖南增值税专用发票

4300102430　　　　　　　　№ 00120526

发票联

开票日期：2015 年 06 月 30 日

购货单位	名　　称： 纳税人识别号： 地址、　电话： 开户行及账号：	长沙鑫旺机床厂 430808972114677 长沙市含浦科教园，888539152 中国银行长沙市五一分理处 849876860863221	密码区：562—686 <1-4-1271 73<122@ 636<13 加密版本：01 43001024300 0120526

货物或应税劳务名称	规格型号	单位	数量	单价	金额	税率	税额
电		度	4 600	1.10	5 060.00	17%	860.20
价税合计(大写)	⊗伍仟玖佰贰拾元贰角整				(小写)￥5 920.20		

销货单位	名　　称： 纳税人识别号： 地址、　电话： 开户行及账号：	长沙市电业局 430164624563302 长沙市白沙路 443 号 073185912222 建行银行潇湘支行 287636986543	备注：长沙市电业局 430164624563302 发票专用章

收款人：　　　复核：　　　开票人：张夏　　　销货单位(章)

鑫旺联 发票联 购货方记账凭证

9-3

中国银行
转账支票存根(湘)

$\frac{D}{0}\frac{G}{2}$ 106210

附加信息

____

____

出票日期 2015年06月30日

收款人：长沙市电业局
金　额：￥5 920.20
用　途：支付电费

单位主管：陈浩　　会计：赵六

9-4

电费分配表

2015年06月30日

部门、用途		分配标准/kwh	分配率	分配金额/元
生产车间	生产用	3500	1.10	3850.00
	照明用	100	1.10	110.00
管理部门		1000	1.10	1100.00
合计		4600	1.10	5060.00

复核：李伟　　制单：方露

注：生产用电因费用不大，直接计入制造费用。

10-1

工资费用汇总分配表

2015年06月30日　　元

车间、部门		应分配金额
车间生产人员工资	钻床工人	70 000.00
	液压器工人	50 000.00
	车间生产人员工资合计	120 000.00
车间管理人员		10 000.00
厂部管理人员		20 000.00
专设销售机构人员		6 000.00
合计		156 000.00

主管：陈浩　　审核：李伟　　制单：方露

11-1

固定资产折旧计算表

2015 年 06 月 30 日　　　　　　元

使用部门	月初固定资产原值	月折旧率	月折旧额	备注
车间	833 600.00			本月没有增减固定资产
厂部	208 400.00			
	合计			

主管：陈浩　　　　审核：李伟　　　　制单：方露

12-1

营业税金及附加计算表

2015 年 06 月 30 日

项　目	金 额/元
增值税销项税额	
增值税进项税额	
增值税进项税额转出	
应交增值税额	
应交消费税	
应交营业税	
应交城市维护建设税(7%)	
应交教育费附加(3%)	
地方教育费附加(1.5%)	

审核：李伟　　　　制单：方露

13-1

制造费用分配表

2015 年 06 月 30 日

分配对象	生产工时(实际)	分配率	分配金额
钻床	3 000		
液压器	2 000		
合计	5 000		

主管：陈浩　　　　审核：李伟　　　　制表：方露

14-1

产品销售成本计算表

2015 年 06 月 30 日　　　　　　元

产品名称	计量单位	销售数量	单位成本	金 额
钻床	台			
合 计				

审核：李伟　　　　制表：方露

15-1　2015 年 6 月 30 日，结转本月收入、成本、费用等损益类账户发生额。

资 产 负 债 表

会企 01 表

编制单位：　　　　　　　　　　　年 月 日　　　　　　　　　　　元

资　产	期末余额	年初余额	负债和所有者权益(或股东权益)	期末余额	年初余额
流动资产：			流动负债：		
货币资金			短期借款		
交易性金融资产			交易性金融负债		
应收票据			应付票据		
应收账款			应付账款		
预付款项			预收款项		
应收利息			应付职工薪酬		
应收股利			应交税费		
其他应收款			应付利息		
存货			应付股利		
一年内到期的非流动资产			其他应付款		
其他流动资产			一年内到期的非流动负债		
流动资产合计			其他流动负债		
非流动资产：			流动负债合计		
可供出售金融资产			非流动负债：		
持有至到期投资			长期借款		
长期应收款			应付债券		
长期股权投资			长期应付款		
投资性房地产			专项应付款		
固定资产			预计负债		
在建工程			递延所得税负债		
工程物资			其他非流动负债		
固定资产清理			非流动负债合计		
生产性生物资产			负债合计		
油气资产			所有者权益(或股东权益)：		
无形资产			实收资本(或股本)		
开发支出			资本公积		
商誉			减：库存股		
长期待摊费用			盈余公积		
递延所得税资产			未分配利润		
其他非流动资产			所有者权益(或股东权益)合计		
非流动资产合计					
资产总计			负债及所有者权益(或股东权益)总计		

利润表

单位名称：　　　　　　　　　年　　月　　　　　　　　　　　元

项　目	本期金额	上期金额
一、营业收入		略
减：营业成本		
营业税金及附加		
销售费用		
管理费用		
财务费用(收益以“－”号填列)		
资产减值损失		
加:公允价值变动损益(净损失以“－”号填列)		
投资收益(净损失以“－”号填列)		
其中：对联营企业和合营企业的投资收益		
二、营业利润(亏损以“－”号填列)		
加：营业外收入		
减：营业外支出		
其中：非流动资产处置净损失(净收益以“－”号填列)		
三、利润总额(亏损以“－”号填列)		
减:所得税费用		
四、净利润(亏损以“－”号填列)		
五、每股收益		
(一)基本每股收益	略	
(二)稀释每股收益	略	

训练题 6

一、注意事项

(1) 填制凭证时，应根据资料给定的人员名单在相应位置签章。

(2) 设置账簿时，要在摘要栏写明“承前页”。

(3) 训练结束后，注意用具摆放整齐，保持桌面及周围环境的整洁。

二、训练要求

(一) 完成下列账户的设置、登账及结账工作(结账时必须结出本月合计)

(1) 应交税费总账；

(2) 银行存款日记账；

(3) 应收账款——华美家俱批发部明细账；

(4) 原材料——大芯板明细账；

(5) 应交税费——应交增值税明细账。

(二) 根据本期发生的业务填制并审核会计凭证

(1) 填写业务 1、业务 6 中空白的借支单和增值税专用发票(原始凭证填制)。

(2) 根据所给的原始凭证或原始凭证汇总表填制记账凭证，要求：“原材料”、“应交税费”和“应收账款”填写明细科目，其他科目可以不写明细科目，但记账凭证要素应填写齐全。

(3) 期末结转损益类账户。

(三) 编制会计报表

(1) 编制资产负债表，金额只填写期末余额。

(2) 编制利润表，金额只填本期金额。

(四) 整理装订会计档案

(1) 以制单员身份整理装订会计凭证并填写会计凭证封面。

(2) 未装订的单据与日记账、明细账、总账及会计报表一起按顺序整理并夹好，并和记账凭证一并装于档案袋中。

三、训练资料

(一) 公司的基本情况

长沙明华家俱厂是一家主要生产课桌椅的制造企业，其法定代表人为杨平。公司位于湖南省长沙市五一路 28 号，联系电话为 0731-82675634；纳税人识别号为

430975632354678，开户行为工商银行星沙支行，账号为 9012457680543342。该公司是增值税一般纳税人，生产原料和产品的适用税率均为 17%。该公司的所得税实行查账征收，按实际利润的 25%分季预缴；会计核算采用记账凭证账务处理程序，存货采用实际成本计价核算，发出存货的成本采用先进先出法计算确定。

公司会计主管为陈娟，记账员为黄灵，审核为杨任，记账凭证制单员为李芳，出纳为贺艳。

(二) 2015 年 2 月有关账户的期末余额

账户余额表

2015 年 2 月 28 日　　　　元

总账科目	明细科目	计量单位	数量	单价	借方余额	贷方金额
库存现金					5880.00	
银行存款					384 432.00	
其他货币资金	存出投资款				1300.00	
交易性金融资产	成本				123 280.00	
应收账款					613 200.00	
	民政学院				86 000.00	
	中南大学				144 000.00	
	华美家具批发部				383 200.00	
其他应收款					18 500.00	
原材料					226 520.00	
	大芯板	块	1400	66.80	93 520.00	
	装饰板	块	2600	42.50	110 500.00	
	乳　胶	桶	180	125.00	22 500.00	
生产成本					34 853.00	
	课桌				13 400.00	
	椅子				21 453.00	
库存商品					2 517 000.00	
	课桌	张	4850	75.00	1 152 000.00	
	椅子	张	5200	50.00	1 365 000.00	
固定资产					1 794 085.00	
累计折旧						584 000.00
应付账款						1 153 300.00

续表

	马王堆建材超市					385 300.00
	湘江油漆公司					112 000.00
	红星木材批发部					656 000.00
应付职工薪酬						303 000.00
	工资					280 000.00
	职工福利					23 000.00
实收资本						2 000 000.00
资本公积						200 000.00
盈余公积						581 000.00
本年利润						514 850.00
利润分配	未分配利润					382 900.00
合计					5 719 050.00	5 719 050.00

(三) 2015年3月经济业务的原始凭证

1-1

关于召开2015年全省家俱行业财务统计与调研工作会议的会议通知
长沙明华家俱厂： 为加强我省企业财务统计工作的管理，提高工作质量，经湖南省家具行业协会研究决定，定于2015年3月8－11日在岳阳市大华宾馆召开我省家具行业财务统计与调研工作会议。希望各有关单位指派一名从事财务统计工作的人员参加会议。与会的交通费和食宿费由各单位自理，特此通知。 湖南省家具行业协会 二〇一〇年三月一日 请财务部杨任同志参加此次会议，批准借支2500元。 总经理 杨平 2015.3.5

1-2

借支单

年 月 日

姓 名		工作部门		职务	
借款原因			部门主管审批意见	同意 杨平 2015.3.5	
借支金额	人民币(大写)			¥	
备 注				现金付讫	

会计主管： 出纳： 借款人：

2-1

中国工商银行 转账支票存根(湘)	
支票号码 VI II 03259713	
附加信息	
出票日期 *2015* 年 *03* 月 *05* 日	
收款人：	长沙明华家俱厂工资户
金 额：	*¥280 000.00*
用 途：	发工资
备 注：	
单位主管：陈娟　　会计：黄灵	
复 核　记　账	

2-2

银行 进账单											
(回单或收账通知)											
2015 年 03 月 5 日 **3**											
收款人	全 称	长沙明华家俱厂工资户									
	账 号	9012025472974569									
	开户银行	长沙银行湘银支行									
人民币		千	百	十	万	千	百	十	元	角	分
			¥	2	8	0	0	0	0	0	
付款人	全 称	长沙明华家俱厂工资户									
	账 号	9012457680543342									
	开户银行	长沙银行湘银支行									
款项来源	工资款										
备注											

工商银行
星沙支行
03.05
转讫

2-3

长沙明华家俱厂工资发放表

所属期间：2015 年 02 月　　发放日期：03 月 05 日

编 号	姓 名	银行账号	工资实发数
001	杨 平	⋮	3 800.00
002	陈 娟	⋮	2 600.00
003	⋮	⋮	⋮
⋮	⋮	⋮	⋮
⋮	⋮	⋮	⋮
合 计			280 000.00

会计主管：陈娟　　记账：黄灵　　复核：杨任　　制单：贺艳

3-1

银行 进账单

(回单或收账通知)

2015 年 03 月 08 日 **3**

收款人	全称	长沙明华家俱厂									
	账号	9012457680543342									
	开户银行	工商银行星沙支行									
人民币		千	百	十	万	千	百	十	元	角	分
			¥	3	0	0	0	0	0	0	
付款人	全称	长沙华美家俱研发部									
	账号	90120113203428									
	开户银行	工商银行麓山支行									
款项来源	前欠货款										

工商银行
星沙支行
03.08.
转讫

4-1

中国工商银行 现金支票存根(湘)	
支票号码 VI II 03467931	
附加信息	
______	
______	
出票日期 2015 年 03 月 10 日	
收款人:	长沙明华家俱厂
金 额:	¥4 000.00
用 途:	备用金
备 注:	
单位主管: 陈娟 会计: 黄灵	
复 核 记 账	

5-1

湖南增值税专用发票

4301092372　　　　　　　　　　　　　　　　№09236174

开票日期：2015 年 03 月 11 日

购货单位	名称：长沙明华家俱厂 纳税人识别号：430975632354678 地址、电话：长沙市五一路 28 号 0731－82675634 开户行及账号：工行星沙支行 9012457680543342			密码区	2489－1<9－7－61596284 8<032/52>9/29533－4974 1626<8－3024>82906－2 －47－6<7>2*－/>*>6/		加密版本：01 4301092372 09236174
货物或应税劳务名称	规格型号	单位	数量	单价	金额	税率	税额
大芯板		块	600	60.00	36 000.00	17%	6 120.00
装饰板		块	1 400	40.00	56 000.00	17%	9 520.00
合计					¥92 000.00		¥15 640.00
价税合计(大写)	壹拾万零柒仟陆佰肆拾元整				(小写)¥107 640.00		
销货单位	名称：马王堆建材超市 纳税人识别号：420151021318405 地址、电话：长沙万家丽路 110 号 0731-8553182 开户行及账号：工行马王堆支行 9026723145351126			备注			

收款人：　　复核：　　开票人：李曙　　销货单位：(章)

国税函[2002]559号　海南华泰实业公司

第三联：发票联　购货方记账凭证

5-2

湖南增值税专用发票

4301092372　　　　　　　　　　　　　　　　№09236174

开票日期：2015 年 03 月 11 日

购货单位	名称：长沙明华家俱厂 纳税人识别号：430975632354678 地址、电话：长沙市五一路 28 号 0731－82675634 开户行及账号：工行星沙支行 9012457680543342			密码区	2489－1<9－7－61596284 8<032/52>9/29533－4974 1626<8－3024>82906－2 －47－6<7>2*－/>*>6/		加密版本：01 4301092372 09236174
货物或应税劳务名称	规格型号	单位	数量	单价	金额	税率	税额
大芯板		块	600	60.00	36 000.00	17%	6 120.00
装饰板		块	1 400	40.00	56 000.00	17%	9 520.00
合计					¥92 000.00		¥15 640.00
价税合计(大写)	壹拾万零柒仟陆佰肆拾元整				(小写)¥107 640.00		
销货单位	名称：马王堆建材超市 纳税人识别号：420151021318405 地址、电话：长沙万家丽路 110 号 0731-8553182 开户行及账号：工行马王堆支行 9026723145351126			备注			

收款人：　　复核：　　开票人：李曙　　销货单位：(章)

国税函[2002]559号　海南华泰实业公司

第二联　抵扣联　购货方抵扣凭证

5-3

长沙明华家俱厂收料单

供应单位：马王堆建材超市　　　　　　　　　　编号：1068

发票号码：**092372**　　　　2015 年 03 月 11 日　　　　仓库：一仓库

规格	材料名称	编号	数量		实际价格/元				合计									
			应收	实收	单位	单价	发票金额	运杂费	千	百	十	万	千	百	十	元	角	分
	大芯板	1101	600	600	块													
	装饰板	1102	1 400	1 400	块													
合　计																		

第二联：会计部门

会计：李芳　　采购：王涛　　复核：张华　　验收：李宁　　制单：张华

6-1

长沙明华家俱厂送货单

购货单位：华美家俱批发部　　　　2015 年 03 月 12 日　　　　编号：079

名称	单位	数量	销售单价/元	总售价(不含税)	备注
课　桌	张	4 500	120.00	540 000.00	单位地址：长沙市玉兰路 58 号，电话 0731-85551015；开户行及账号：工商银行麓山支行 9012011320342866，纳税人识别号：430104268896354
椅　子	把	5 000	80.00	400 000.00	
合　计				940 000.00	

业务员：李立　　会计：李芳　　复核：张华　　发货：李宁　　制单：张华

6-2

湖南增值税专用发票

此联不作报销、扣税凭证使用

No 09433542

开票日期　　年　　月　　日

购货单位	名称： 纳税人识别号： 地址、电话： 开户行及账号：		密码区	2489—19—7—61596284<0 3>2/59/2<9533>—497416<2 6>8—302<482>906—2	加密版本 01 4301094342 09433542	
货物或应税劳务名称	计量单位	数量	单价	金额	税率	税额
合计						
价税合计(人民币大写)		(小写)¥				
销货单位	名称： 纳税人识别号： 地址、电话： 开户行及账号：		备注			

第一联 记账联 销货方记账凭证

收款人　　复核　　开票人　　销货单位(章)

全国统一发票监制章 湖南 4301094342 国家税务总局监制

长沙明华家具厂 4301047 12261524 发票专用章

6-3

长沙明华家俱厂产品销售成本计算表

2015 年 03 月 12 日　　　　元

产品名称	计量单位	销售数量	单位成本	总成本
课　桌	张			
椅　子	把			
合　　计				

会计主管　陈娟　　会计 黄灵　　复核　　黄灵　　制单　杨任

7-1

长沙明华家俱厂领料单

编号：1258

领料部门：生产车间　　2015 年 03 月 15 日　　领料用途：生产课桌

材料编码	材料名称	单位	请领数量	实领数量	实际单价	金额								第二联：交会计部门
						十	万	千	百	十	元	角	分	
	大芯板	块	700	700										
	乳　胶	桶	11	11										
附件：　张				合　计										

会计：李芳　　复核：张华　　发料：李宁　　制单：张华

7-2

长沙明华家俱厂领料单

编号：1259

领料部门：生产车间　　2015 年 03 月 15 日　　领料用途：生产椅子

材料编码	材料名称	单位	请领数量	实领数量	实际单价	金额								第二联：交会计部门
						十	万	千	百	十	元	角	分	
	大芯板	块	900	900										
	乳　胶	桶	9	9										
附件：　张				合　计										

会计：李芳　　复核：张华　　发料：李宁　　制单：张华

8-1

投资协议书(摘录)

投资方：李小华(自然人)

接收方：长沙明华家俱厂

⋮

第三、李小华以一辆全新的别克军威 3.0 汽车向长沙明华家俱厂投资，投资额以该辆汽车 2015 年 3 月 18 日的市场价格 228 000 元为准，投资方提供增值税专用发票。

⋮

投资方：李小华(签字)　　　　接收方：长沙明华家俱厂(盖章)

协议签署日期：2015 年 3 月 18 日

（印章：长沙明华家俱厂 合同专用章）

8-2

机动车销售统一发票

发票联

（印章：全国统一发票监制章 国家税务总局监制）

发票代码 14300082116

开票日期：2015-3-18　　　　发票号码　00818207

<table>
<tr><td>机打代码
机器编码</td><td colspan="3">143000821160
00818201</td><td>税控码</td><td colspan="3">2489—1<9—7—61596284
8<032/52>9/29533—4974
1626<8—3024>82906—2
—47—6<7>2*—/>*>6/</td></tr>
<tr><td>购货单位(人)</td><td colspan="2">李小华</td><td colspan="2">身份证号码/组织机构代码</td><td colspan="3">432302197105180312</td></tr>
<tr><td>车辆类型</td><td colspan="2">三厢轿车</td><td>厂牌型号</td><td>别克军威 3.0</td><td>产地</td><td colspan="2">上海</td></tr>
<tr><td>合格证号</td><td colspan="2">WAE142090090956</td><td>进口证明书号</td><td></td><td>商检单号</td><td colspan="2"></td></tr>
<tr><td>发动机号</td><td colspan="2">98290109</td><td colspan="2">车辆识别码/车架号码</td><td colspan="3">LSGDP54M99Y096361</td></tr>
<tr><td>价税合计</td><td colspan="4">人民币大写:⊗　贰拾贰万捌仟元整</td><td colspan="3">小写：¥228 000.00</td></tr>
<tr><td>销货单位</td><td colspan="4">华洋汽车销售公司</td><td>电话</td><td colspan="2">0731—85903333</td></tr>
<tr><td>纳税人识别号</td><td colspan="3">430111768023672</td><td>账号</td><td colspan="3">8376880507810002</td></tr>
<tr><td>地　　址</td><td colspan="3">湖南长沙万家丽路木莲冲路口</td><td>开户银行</td><td colspan="3">招商银行芙蓉支行</td></tr>
<tr><td>增值税税率
或征收率</td><td>17%</td><td>增值税
税　额</td><td>¥33 128.21</td><td>主管税务
机关及代码</td><td colspan="3">长沙市雨花区国家税务局五
分局 1430</td></tr>
<tr><td>不含税价</td><td colspan="2">小写¥194 871.79</td><td>吨位</td><td>2150</td><td colspan="3">限乘人数</td></tr>
</table>

第二联：发票联　购货方记账凭证

销货单位盖章　　　　开票人　任坤　　　　备注：一车一票

（印章：华洋汽车销售公司 430111768023672 发票专用章）

8-3

长沙明华家俱厂固定资产验收单

2015年03月18日

固定资产名称		型号	计量单位	数量	供货单位			
别克军威汽车		3.0	辆	1	股东李小华投资			
总价	设备费	安装费	运杂费	包装费	其他	合计	预计年限	净残值率
	228 000					228 000	10	2%
验收意见		合格	验收人签章		陈娟	保管使用人签章		陈娟

9-1

华泰联证券公司长沙韶山北路营业部交割单【证券卖出】

席位号：20762	成交编号：4477470
客户姓名：长沙明华家俱厂	成交数量：10 000
股东账号：A16701167026	成交价格：15.61
资金账号：320032166	成交金额：156 100.00
期初金额：1 300.00	佣金：292.90
股票代码：600820	印花税：156.10
股票名称：隧道股份	其它费用：1.00
期初数量：10 000	本次金额：155 650.00
委托编号：5657	资金金额：156 950.00
成交日期：20150322	股票余额：0

（印章：华泰联证券公司 营业专用章）

10-1

长沙明华家俱厂工资分配汇总表

2015年03月31日

部　　门	生产工时	应发工资数
生产工人		155 000.00
车间管理人员		5 000.00
管理人员工资		40 000.00
销售人员工资		84 000.00
合　　计		284 000.00

单位主管：陈娟　　会计：黄灵　　复核：杨仟　　制单：贺艳

11-1

固定资产折旧计算汇总表

2015 年 03 月 31 日　　　　　　　　　　元

部　　门	月折旧额
生产车间	45 000.00
行政管理部门	10 000.00
销售部门	21 000.00
合　　计	76 000.00

会计主管：陈娟　　会计：黄灵　　复核：黄灵　　制单：杨任

12-1

长沙明华家俱厂制造费用分配表

2015 年 03 月 31 日　　　　　　　　　　元

分配对象	分配标准(工时)	分配率	分配金额
课　桌	2 600		
椅　子	2 400		
合　　计	5 000		

会计主管：陈娟　　会计：黄灵　　复核：黄灵　　制单：杨任

13-1

长沙明华家俱厂所得税计提表

2015 年 03 月 31 日

第 1 季度的利润总额	税率	预缴所得税额
	25%	

14-1 结转本月损益类账户。

资产负债表

会企 01 表

编制单位：　　　　　　　　　　年 月 日　　　　　　　　　　元

资　产	期末余额	年初余额	负债和所有者权益(或股东权益)	期末余额	年初余额
流动资产：			流动负债：		
货币资金			短期借款		
交易性金融资产			交易性金融负债		
应收票据			应付票据		
应收账款			应付账款		
预付款项			预收款项		
应收利息			应付职工薪酬		
应收股利			应交税费		
其他应收款			应付利息		
存货			应付股利		
一年内到期的非流动资产			其他应付款		
其他流动资产			一年内到期的非流动负债		
流动资产合计			其他流动负债		
非流动资产：			流动负债合计		
可供出售金融资产			非流动负债：		
持有至到期投资			长期借款		
长期应收款			应付债券		
长期股权投资			长期应付款		
投资性房地产			专项应付款		
固定资产			预计负债		
在建工程			递延所得税负债		
工程物资			其他非流动负债		
固定资产清理			非流动负债合计		
生产性生物资产			负债合计		
油气资产			所有者权益(或股东权益)：		
无形资产			实收资本(或股本)		
开发支出			资本公积		
商誉			减：库存股		
长期待摊费用			盈余公积		
递延所得税资产			未分配利润		
其他非流动资产			所有者权益(或股东权益)合计		
非流动资产合计					
资产总计			负债及所有者权益(或股东权益)总计		

利 润 表

会企 02 表

编制单位：　　　　　　　　　　年　月　　　　　　　　　　元

项　　目	本期金额	上期金额
一、营业收入		略
减：营业成本		
营业税金及附加		
销售费用		
管理费用		
财务费用		
资产减值损失		
加：公允价值变动收益(损失以“－”填列)		
投资收益(损失以“－”号填列)		
其中：对联营企业和合营企业的投资收益		
二、营业利润(亏损以“－”号填列)		
加：营业外收入		
减：营业外支出		
其中：非流动资产处置损失		
三、利润总额(亏损总额以“－”号填列)		
减：所得税费用		
四、净利润(净亏损以“－”号填列)		
五、每股收益	略	
(一) 基本每股收益	略	
(二) 稀释每股收益	略	

训练题 7

一、注意事项

(1) 填制凭证时根据资料给定的人员名单在相应位置签章。

(2) 训练结束后，将用具摆放整齐，并保持桌面及周围环境的整洁。

二、训练要求

(一) 完成下列账户的设置、登账及结账工作(结账时必须结出本月合计)

(1) 库存现金总账；

(2) 银行存款日记账；

(3) 应付账款——衡阳市磐石金属材料公司明细账；

(4) 原材料——不锈钢(0.3 mm)明细账，领用材料根据所填制的记账凭证登记明细账；

(5) 应交税费——应交增值税明细账。

(二) 根据本期发生的业务填制并审核会计凭证

(1) 根据湘潭魅力五金制品有限公司 2015 年 1 月业务 5、业务 6 的相关资料，填制所提供的空白支票和增值税专用发票。

(2) 对湘潭魅力五金制品有限公司 2015 年 1 月所发生的经济业务的原始凭证或原始凭证汇总表(见考试资料)进行审核，并填制记账凭证，其中“原材料”“应收账款”“应付账款”“应交税费”科目要求写明细科目。

(三) 编制会计报表

(1) 编制湘潭魅力五金制品有限公司 2015 年 1 月 31 日资产负债表，金额只填写期末数。

(2) 编制湘潭魅力五金制品有限公司 2015 年 1 月利润表，金额只填本期数。

(四) 整理装订会计档案

(1) 以制单员身份整理装订会计凭证并填写会计凭证封面。

(2) 将未装订的单据与日记账、明细账、总账及会计报表一起按顺序整理并夹好，并和记账凭证一并装于档案袋中。

三、训练资料

(一) 企业基本情况

(1) 企业名称：湘潭魅力五金制品有限公司。

(2) 注册地：湖南省湘潭市韶山路 108 号。

(3) 注册资金：90 万元。

(4) 法人代表：黄蒙。

(5) 财务负责人：王林。

(6) 会计机构中的人员分工为：记账凭证制单员石岗，记账员万琳，审核员乔巴，出纳员林路。

(7) 国税局税务登记类型：增值税一般纳税企业，适用增值税税率为 17%；公司适用的查账征收方式为计征企业所得税，适用的企业所得税税率为 25%，并按月据实(利润总额)预缴企业所得税。

(8) 税务登记号：430974543753455。

(9) 开户银行：中国银行韶山支行。

(10) 账号：378742423423434。

(11) 电话号码：0731-53993933。

(12) 主营业务。该公司只有一个生产车间，车间内有备料、成型、装箱三个工段。公司常年生产各种规格的不锈钢面盆。2015 年 1 月份，根据生产计划的安排，只投产了 30 cm 不锈钢面盆一种产品。

(13) 选用的会计政策。该公司采用记账凭证账务处理程序进行日常会计处理，并采用账结法计算利润。原材料和库存商品按实际成本计价核算，并采用移动平均法计算发出存货成本。

(二) 2014 年 12 月 31 日各账户余额

1. 各总账账户的余额

元

账户名称	借方余额	账户名称	贷方余额
库存现金	1000.00	累计折旧	309 312.00
银行存款	120 000.00	累计摊销	8 000.00
应收账款	10 000.00	应付账款	20 000.00
原材料	9 000.00	应交税费	4 088.00
周转材料	2 000.00	应付职工薪酬(工资)	24 400.00
库存商品	75 400.00	实收资本	900 000.00
无形资产(商标权)	20 000.00	盈余公积	6 340.00
固定资产	1 080 000.00	利润分配(未分配利润)	45 260.00
合　计	1 317 400.00	合　计	1 317 400.00

2. 部分往来账项账户余额

元

账户名称	借方金额	贷方金额
应收账款——长沙白沙日用品有限公司	20 000.00	
应收账款——衡阳市节节高百货公司		10 000.00
应付账款——衡阳市磐石金属材料公司	10 000.00	
应付账款——武汉长江有色金属材料公司		30 000.00

3. 应交税费明细账户余额

元

账户名称	贷方金额
应交增值税	1 200.00
应交所得税	2 750.00
应交城建税	84.00
应交教育费附加	54.00

4. 原材料、库存商品明细账户余额

元

账户名称	数量	规格	单位	单价	金额
原材料——不锈钢板	200	0.3mm	公斤	23.00	4 600.00
原材料——不锈钢板	200	0.5mm	公斤	22.00	4 400.00
周转材料——包装箱	1000		个	2.00	2 000.00
库存商品——不锈钢面盆	200	30cm	个	32.00	6 400.00
库存商品——不锈钢面盆	400	40cm	个	60.00	24 000.00
库存商品——不锈钢面盆	500	50cm	个	90.00	45 000.00

(三) 2015 年 1 月公司所发生交易及相关原始凭证

1-1

湖南增值税专用发票

4300092340　　　　抵扣联　　　　№ 09236975

开票日期：2015 年 1 月 4 日

购货单位	名　　称：湘潭魅力五金制品有限公司 纳税人识别号：430974543753455 地址、电话：湘潭市韶山路 108 号 0731-53993933 开户行及账号：中国银行韶山支行 378742423423434	密码区	315—1 < -12 > > 3 < 22 > 61246 = -83 > -×24=241 213455— 《3369 加密版本：01 4300092340 09236975

货物或应税劳务名称	规格型号	单位	数量	单价	金额	税率	税额
不锈钢板	0.3mm	吨	1	20000	20000.00	17%	3400.00
不锈钢板	0.5 mm	吨	1	19000	19000.00	17%	3230.00
合计					￥39000.00		￥6630.0
价税合计（大写）	⊗肆万伍仟陆佰叁拾元整				（小写）45630.00		

销货单位	名　　称：衡阳市磐石金属材料公司 纳税人识别号：430408670815743 地址、电话：衡祁路 333 号 0731-2326412 开户行及账号：工商银行 22503142875	备注	衡阳市磐石金属材料公司 430408670815743 发票专用章

收款人：　　　复核：　　　开票人：龙浩　　　销货单位（章）

第二联 抵扣联 购货方抵扣凭证

1-2

湖南增值税专用发票

4300092340

发票联

№ 09236975

开票日期：2015 年 1 月 4 日

购货单位	名称：湘潭魅力五金制品有限公司 纳税人识别号：430974543753455 地址、电话：湘潭市韶山路 108 号 0731-53993933 开户行及账号：中国银行韶山支行 378742423423434				密码区	315—1＜-12＞＞ 3＜22＞61246＝ -83＞-×24=241 213455—《3369	加密版本：01 4300092340 09236975	
货物或应税劳务名称	规格型号	单位	数量	单价	金额	税率	税额	
不锈钢板	0.3mm	吨	1	20000	20000.00	17%	3400.00	
不锈钢板	0.5 mm	吨	1	19000	19000.00	17%	3230.00	
合计					￥39000.00		￥6630.0	
价税合计(大写)	⊗肆万伍仟陆佰叁拾元整				(小写) 45630.00			
销货单位	名称：衡阳市磐石金属材料公司 纳税人识别号：430408670815743 地址、电话：衡祁路 333 号 0731-2326412 开户行及账号：工商银行 22503142875				备注			

第三联 发票联 购货方记账凭证

收款人： 复核： 开票人：龙浩 销货单位(章)

衡阳市磐石金属材料公司 430408670815743 发票专用章

1-3

收　料　单

供应单位：衡阳市磐石金属材料公司　　编号：20153483

发票号码：09236975　　2015 年 1 月 4 日　　仓库：原料库

编号	材料名称	规格	单位	数量 应收	数量 实收	单价	千	百	十	万	千	百	十	元	角	分
	不锈钢板	0.3mm	吨	1.0	1.0											
	不锈钢板	0.5mm	吨	1.0	1.0											
				运杂费												
				合计												
备注																

第二联 会计部门记账

保管员：何莎　　记账：　　验收员：陈力　　制单：李艺

2-1

中国银行
转账支票存根(湘)
DH 00724038
附加信息

出票日期 2015年1月5日

收款人：湘潭魅力五金制品有限公司	
金 额：￥24400.00	
用 途：工资	

单位主管 会计

2-2

中国银行**进账单**(受理回单)

填制日期 2015年1月5日 1 第 号

付款人	全 称	湘潭魅力五金制品有限公司	收款人	全 称	湘潭魅力五金制品有限公司
	账 号	378742423423434		账 号	工资户
	开户银行	中国银行韶山支行		开户银行	中国银行韶山支行

人民币(大写)	贰万肆仟肆佰元整	千	百	十	万	千	百	十	元	角	分
				￥	2	4	4	0	0	0	0
票据种类	转账支票	此联不作收款用									
票据张数	1张										
单位主管 会计 复核 记账		受理银行盖章									

中国银行狮山支行 业务专用章

此联是收款人开户行交给收款人的受理回单

2-3

2014年12月份工资发放汇总表

发放日期：2015年1月5日

车间、部门		基本工资	津　贴	应发工资	实发工资
生产车间	生产工人	14 000.00	200.00	14 200.00	14 200.00
	管理人员	2 000.00	200.00	2 200.00	2 200.00
公司管理人员		8 000.00		8 000.00	8 000.00
合　计		24 000.00	400.00	24 400.00	24 400.00

会计主管　王林　　　复核　乔巴　　　制单　林路

3-1

领　料　单

领料部门：生产车间　　　2015年1月5日　　　编号：3245812

材料名称	编号	规格	单位	数量		单价	金额	记账
				请领	实发			
不锈钢板		0.3mm	公斤	500	500			
包装箱			个	800	800			
工作单号	2015101		用途	用于30cm面盆生产				
工作项目	30cm面盆							

第二联　会计部门记账

审批：魏荣　　记账：　　发料人：陈力　　领料人：戴德

4-1

中华人民共和国

税收通用完税证　　国

注册类型：有限责任公司　　填发日期：2015年1月7日　　征收机关：韶山区国税局税源十科

纳税人代码	430974543753455		地址	湘潭市韶山路108号		
纳税人名称	湘潭魅力五金制品有限公司		税款所属时期	2014-12-01至2014-12-31		
税　种	品目名称	课税数量	计税金额或销售收入	税率或单位税额	已缴或扣税额	实缴金额
增值税	制造业(17%)			17%		1200.00
金额合计	(大写)壹仟贰佰元整					
税务机关（盖章）	委托代征单位（盖章）		填票人(章) 王科湖	备注	税票号码：02388542 税管员：李宏	

第二联(收据)交纳税人作完税凭证

4-2

中华人民共和国

税收通用完税证　　国

注册类型：有限责任公司　　填发日期：2015年1月7日　　征收机关：韶山区国税局税源十科

纳税人代码	430974543753455		地址	湘潭市韶山路108号		
纳税人名称	湘潭魅力五金制品有限公司		税款所属时期	2014-01-01至2014-12-31		
税　种	品目名称	课税数量	计税金额或销售收入	税率或单位税额	已缴或扣税额	实缴金额
企业所得税	制造业		11000.00	25%		2750.00
金额合计	(大写)贰仟柒佰伍拾元整					
税务机关（盖章）	委托代征单位（盖章）		填票人(章) 王科湖	备注	税票号码：02388542 税管员：李宏	

第二联(收据)交纳税人作完税凭证

4-3

中华人民共和国

税收通用完税证　地

(2014)湘地完电：№：02388542

注册类型：有限责任公司　填发日期：2015年1月7日　征收机关：韶山区地税局管理3科

纳税人代码	430974543753455		地址	湘潭市韶山路108号		
纳税人名称	湘潭魅力五金制品有限公司		税款所属时期	2014-12-01 至 2014-12-31		
税种	品目名称	课税数量	计税金额或销售收入	税率或单位税额	已缴或扣税额	实缴金额
城市维护建设税-增值税 教育费附加-增值税			1200.00 1200.00	7% 4.5%		84.00 54.00
金额合计	(大写)壹佰叁拾捌元整					
税务机关(盖章)	委托代征单位(盖章)	填票人(章)李玉	备注	税票号码：02388542 税管员：黄华		

第二联(收据)交纳税人作完税凭证

5-1　1 月 8 日提取备用金 1000 元。

中国银行
现金支票存根(湘)
DH 2015332
附加信息
____
____
出票日期　　年　月　日

收款人：	
金　额：	
用　途：	

单位主管　　会计

中国银行　现金支票(湘)　　DH 20152332

出票日期(大写)　　年　月　日　付款行名称：
收款人：　　出票人账号：

本支票付款期限十天

人民币(大写)	百	十	万	千	百	十	元	角	分

用途________
上列款项请从
我账户内支付
出票人签章
复核　　记账

衡阳亮丽五金制品有限公司 财务专用章

李珊印

6-1

公司产品销售单

2015 年 1 月 15 日　　№：

购货单位	名称	衡阳市节节高百货公司		纳税登记号	430913219860561
	地址、电话	衡阳市华兴路 68 号 0731-2136894		开户银行及账号	工商银行华兴支行 224036897412
货物或劳务名称		规格型号	计量单位	数量	单价(不含税)	金　额
面盆		30cm	个	200	45	9000
面盆		40cm	个	200	80	16000
面盆		50cm	个	300	120	36000
合　计						61000
销售人员				销售主管		

⑤财务部门

6-2

发　货　单

购货单位：衡阳市节节高百货公司　　2015年1月15日　　编号：20414389

产品编号	产品名称	规格	单位	数量		单价	金额							
				请发	实发		十	万	千	百	十	元	角	分
	面盆	30cm	个	200	200									
	面盆	40cm	个	200	200									
	面盆	50cm	个	300	300									
合计														

第二联 会计部门记账

审批：孙力珂　　发货人：章经　　提货人：　　记账：

6-3

湖南增值税专用发票

4300092170　　№ 00128872

此联不作报销、扣税凭证使用　　开票日期：

购货单位	名称： 纳税人识别号： 地址、电话： 开户行及账号：				密码区	215—1<-12>> 234 3<22>61246= 1254 -83>-×24=241= 321 25483 «556=56+312	加密版本：01 4300092170 00128872
货物或应税劳务名称	规格型号	单位	数量	单价	金额	税率	税额
价税合计（大写）							（小写）
销货单位	名称： 纳税人识别号： 地址、电话： 开户行及账号：				备注		

收款人：　　复核：　　开票人：赵丽　　销货单位（章）

7-1

湖南增值税专用发票

4300092340　　　　抵扣联　　　　№ 09321564

开票日期：2015 年 1 月 18 日

<table>
<tr><td rowspan="4">购货单位</td><td>名　　称：</td><td colspan="4">湘潭魅力五金制品有限公司</td><td rowspan="4">密码区</td><td colspan="3" rowspan="4">564—1＜-12＞＞
3＜22＞61246＝
-83＞-×24=241
213455—369871
加密版本：01
4300092340
09321564</td></tr>
<tr><td>纳税人识别号：</td><td colspan="4">430974543753455</td></tr>
<tr><td>地址、电话：</td><td colspan="4">湘潭市韶山路 108 号 0731-53993933</td></tr>
<tr><td>开户行及账号：</td><td colspan="4">中国银行韶山支行 378742423423434</td></tr>
<tr><td colspan="2">货物或应税劳务名称</td><td>规格型号</td><td>单位</td><td>数量</td><td>单价</td><td colspan="2">金额</td><td>税率</td><td>税额</td></tr>
<tr><td colspan="2">液压机维修</td><td></td><td></td><td>1.0</td><td>1000</td><td colspan="2">1000.00</td><td>17%</td><td>170.00</td></tr>
<tr><td colspan="2">合　计</td><td></td><td></td><td></td><td></td><td colspan="2">￥1000.00</td><td></td><td>￥170.00</td></tr>
<tr><td colspan="2">价税合计（大写）</td><td colspan="8">⊗壹仟壹佰柒拾元整　　　　（小写）1170.00</td></tr>
<tr><td rowspan="4">销货单位</td><td>名　　称：</td><td colspan="4">衡阳市机械维修公司</td><td rowspan="4">备注</td><td colspan="3" rowspan="4"></td></tr>
<tr><td>纳税人识别号：</td><td colspan="4">430407438670815</td></tr>
<tr><td>地址、电话：</td><td colspan="4">衡邵路 111 号 0731-3126411</td></tr>
<tr><td>开户行及账号：</td><td colspan="4">工商银行 22503143326</td></tr>
</table>

收款人：　　　复核：　　　开票人：龙浩　　　销货单位（章）

第二联 抵扣联 购货方抵扣凭证

7-2

湖南增值税专用发票

4300092340　　　　发票联　　　　№ 09321564

开票日期：2015 年 1 月 18 日

<table>
<tr><td rowspan="4">购货单位</td><td>名　　称：</td><td colspan="4">湘潭魅力五金制品有限公司</td><td rowspan="4">密码区</td><td colspan="3" rowspan="4">564—1＜-12＞＞
3＜22＞61246＝
-83＞-×24=241
213455—369871
加密版本：01
4300092340
09321564</td></tr>
<tr><td>纳税人识别号：</td><td colspan="4">430974543753455</td></tr>
<tr><td>地址、电话：</td><td colspan="4">湘潭市韶山路 108 号 0731-53993933</td></tr>
<tr><td>开户行及账号：</td><td colspan="4">中国银行韶山支行 378742423423434</td></tr>
<tr><td colspan="2">货物或应税劳务名称</td><td>规格型号</td><td>单位</td><td>数量</td><td>单价</td><td colspan="2">金额</td><td>税率</td><td>税额</td></tr>
<tr><td colspan="2">液压机维修</td><td></td><td></td><td>1.0</td><td>1000</td><td colspan="2">1000.00</td><td>17%</td><td>170.00</td></tr>
<tr><td colspan="2">合　计</td><td></td><td></td><td></td><td></td><td colspan="2">￥1000.00</td><td></td><td>￥170.0</td></tr>
<tr><td colspan="2">价税合计（大写）</td><td colspan="8">⊗壹仟壹佰柒拾元整　　　　（小写）1170.00</td></tr>
<tr><td rowspan="4">销货单位</td><td>名　　称：</td><td colspan="4">衡阳市机械维修公司</td><td rowspan="4">备注</td><td colspan="3" rowspan="4"></td></tr>
<tr><td>纳税人识别号：</td><td colspan="4">430407438670815</td></tr>
<tr><td>地址、电话：</td><td colspan="4">衡邵路 111 号 0731-3126411</td></tr>
<tr><td>开户行及账号：</td><td colspan="4">工商银行 22503143326</td></tr>
</table>

收款人：　　　复核：　　　开票人：龙浩　　　销货单位（章）

第三联 发票联 购货方记账凭证

7-3

中国银行
转账支票存根(湘)
DH 00724039
附加信息

出票日期 2015 年 1 月 18 日

收款人：	衡阳市机械维修公司
金 额：	￥1170.00
用 途：	付维修费

单位主管 会计

8-1

中国银行进账单(受理回单)

填制日期 2015 年 1 月 22 日 第 1 号

付款人			收款人		
付款人	全 称	衡阳市节节高百货公司	收款人	全 称	湘潭魅力五金制品有限公司
付款人	账 号	224036897412	收款人	账 号	378742423423434
付款人	开户银行	工商银行华兴支行	收款人	开户银行	中国银行韶山支行

人民币(大写)	伍万元整	千	百	十	万	千	百	十	元	角	分
				￥	5	0	0	0	0	0	0
票据种类	转账支票	此联不作收款用									
票据张数	1 张										
单位主管 会计 复核 记账		受理银行盖章									

（印章：中国银行狮山支行 业务专用章）

此联是收款人开户行交给收款人的受理回单

9-1

2015 年 1 月份工资分配汇总表

编制日期：2015 年 1 月 31 日

车间、部门		基本工资	津 贴	应发工资	实发工资
生产车间	生产工人	15 200.00	200.00	15 400.00	15 400.00
生产车间	管理人员	2 000.00	200.00	2 200.00	2 200.00
公司管理人员		8 000.00		8 000.00	8 000.00
合 计		25 200.00	400.00	25 600.00	25 600.00

复核：乔巴 制单：石岗

10-1

固定资产折旧计算表

2015 年 1 月 31 日

车间、部门	金　　额/元
生产车间	3550、00
管理部门	2220、00
合　　计	5770、00

复核：乔巴　　　　制单：石岗

11-1

无形资产摊销计算表

2015 年 1 月 31 日

项　目	金　　额/元
商标权	300、00
合　　计	300、00

复核：乔巴　　　　制单：石岗

12-1

生产车间制造费用分配表

2015 年 1 月 31 日

分配对象	分配标准/工时	分配率	分配金额/元
合　计			

复核：乔巴　　　　制单：石岗

13-1

产 品 入 库 单

编号：1280335

车间：生产车间　　2015 年 1 月 31 日　　仓库：产品成品库

产品名称	编号	规格	单位	数 量	金额								
					百	十	万	千	百	十	元	角	分
30cm 面盆			个	1000									
合计													

第二联 会计部门记账

验收：文虎　　保管员：李乐　　车间：李利　　记账：

注：本月末无在产品。

产品成本计算单

产品名称：30cm 面盆　　2015 年 1 月 31 日

项　　目	直接材料	直接人工	制造费用	合 计
月初在产品成本				
本月发生费用				
费用合计				
本月完工产品总成本				
本月完工产品单位成本				
月末在产品成本				

复核：乔巴　　制单：石岗

14-1

营业税金及附加计算表

2015 年 1 月 31 日

项　　目	金 额/元
增值税销项税额	
增值税进项税额	
增值税进项税额转出	
应交增值税额	
应交消费税	
应交营业税	
应交城市维护建设税(7%)	
应交教育费附加(4.5%)	

复核：乔巴　　制单：石岗

15-1 结转损益类账户余额。

资 产 负 债 表

会企 01 表

编制单位： 年 月 日 元

资 产	期末余额	年初余额	负债和所有者权益 (或股东权益)	期末余额	年初余额
流动资产：			流动负债：		
货币资金			短期借款		
交易性金融资产			交易性金融负债		
应收票据			应付票据		
应收账款			应付账款		
预付款项			预收款项		
应收利息			应付职工薪酬		
应收股利			应交税费		
其他应收款			应付利息		
存货			应付股利		
一年内到期的非流动资产			其他应付款		
其他流动资产			一年内到期的非流动负债		
流动资产合计			其他流动负债		
非流动资产：			流动负债合计		
可供出售金融资产			非流动负债：		
持有至到期投资			长期借款		
长期应收款			应付债券		
长期股权投资			长期应付款		
投资性房地产			专项应付款		
固定资产			预计负债		
在建工程			递延所得税负债		
工程物资			其他非流动负债		
固定资产清理			非流动负债合计		
生产性生物资产			负债合计		
油气资产					
无形资产			所有者权益 (或股东权益)：		
开发支出			实收资本(或股本)		
商誉			资本公积		
长期待摊费用			减：库存股		
递延所得税资产			盈余公积		
其他非流动资产			未分配利润		
非流动资产合计			所有者权益 (或股东权益)合计		
资产总计			负债及所有者权益 (或股东权益)总计		

利　润　表

会企 02 表

编制单位：　　　　　　　　　　年　月　　　　　　　　　　元

项　　目	本期金额	上期金额
一、营业收入		略
减：营业成本		
营业税金及附加		
销售费用		
管理费用		
财务费用		
资产减值损失		
加：公允价值变动收益(损失以“–”填列)		
投资收益(损失以“–”号填列)		
其中：对联营企业和合营企业的投资收益		
二、营业利润(亏损以“–”号填列)		
加：营业外收入		
减：营业外支出		
其中：非流动资产处置损失		
三、利润总额(亏损总额以“–”号填列)		
减：所得税费用		
四、净利润(净亏损以“–”号填列)		
五、每股收益	略	
(一)基本每股收益		
(二)稀释每股收益		

训练题 8

一、注意事项

(1) 填制凭证时根据资料给定的人员名单在相应位置签章。

(2) 训练结束后，应将用具摆放整齐，并保持桌面及周围环境的整洁。

二、实训技能要求

(一) 良好的职业素养

(1) 会计书写规范。

(2) 会计档案卷面保持整洁；任务完成后，整齐摆放操作工具及凳子，保持工作台面整洁。

(二) 填制并审核会计凭证

根据本期发生的业务，以制单员身份根据所给的原始凭证或原始凭证汇总表填制记账凭证，其中“原材料”“应交税费”“应收账款”和“生产成本”科目要求写明细科目。

(三) 编制资产负债表

根据期初余额，以制单员的身份编制资产负债表。

(四) 整理装订会计档案

以制单员身份整理装订会计凭证并填写会计凭证封面，装订日期为 2015 年 2 月 5 日。

三、训练资料

(一) 企业基本情况

企业名称(行业)	江南机械制造有限公司(制造业)
主要业务和产品类型	生产、销售 1#水泵和 2#水泵
单位地址	湖南省湘潭市楠竹山 125 号
联系电话	0731-85642038
开户行及账号	中国工商银行湘潭市楠竹山支行 4301119870461472243
纳税人识别号	430324751104211
适应税率	增值税率 17%，城建税率 7%，教育费附加率 3%
存货核算方法	库存存货采用实际成本计价，发出存货成本采用先进先出法计价
主要会计岗位及人员	制单员：李文　审核人：肖钢　出纳员：周全

(二) 2014 年 12 月 31 日总账账户余额

科目名称	方向	余 额	科目名称	方向	余 额
库存现金	借	4 500.00	应付账款	贷	3 600.00
银行存款	借	4 507 870.00	应付票据	贷	11 700.00
应收票据	借	22 910.00	预收账款	贷	2 000.00
应收账款	借	34 446.00	应付职工薪酬	贷	82 900.00
其他应收款	借	5 800.00	其他应付款	贷	11 072.00
坏账准备	贷	100.00	应付利息	贷	15 065.00
在途物资	借	830 300.00	长期借款	贷	1 700 000.00
原材料	借	673 272.00	长期应付款	贷	90 000.00
库存商品	借	747 180.00	实收资本	贷	4 000 000.00
固定资产	借	4 210 000.00	资本公积	贷	1 184 815.00
累计折旧	贷	120 000.00	盈余公积	贷	142 000.00
固定资产减值准备	贷	4 000.00	利润分配	贷	3 825 926.00
无形资产	借	166 900.00			
累计摊销	贷	10 000.00			
合 计	借	11 069 078.00	合 计	贷	11 069 078.00

(三) 2014 年 12 月 31 日有关明细账户余额

(1) 原材料明细账户余额。

元

材料名称	单 位	数 量	单 价	金 额
垫圈	个	15 140	1.80	27 252.00
铸铁	吨	2 214	230.00	509 220.00
铝合金	吨	1 140	120.00	136 800.00
合计				673 272.00

(2) 在途物资明细账户余额。

元

材料名称	单 位	数 量	单 价	金 额
铸铁	吨	3 500	200.00	700 000.00
铝合金	吨	1 085	120.10	130 300.00
合计				830 300.00

(3) 库存商品明细账户余额。

元

材料名称	单位	数量	单价	金额
1#水泵	台	300	2 100.00	630 000.00
2#水泵	台	60	1 953.00	117 180.00
合计				747 180.00

(4) “其他应收款——王泽东”明细账的借方余额为 500 元，“其他应收款——李芳”明细账的借方余额为 5300 元。

(5) “应收账款——完美汽车修理厂”的借方余额为 15 000 元；“应收账款——长沙电机厂”的借方余额为 19 446 元。

(四) 2015 年 1 月发生的经济业务

1-1

中国工商银行进账单(收账通知)

2015 年 1 月 2 日　　　　No4581908

收款人	全称	江南机械制造有限公司	付款人	全称	天水汽车修理厂
	账号	4301119870461472243		账号	6589745895214656375
	开户银行	工商银行潇湘支行		开户银行	农行雁城支行
人民币(大写)	壹万伍仟元整		百 十 万 千 百 十 元 角 分		¥ 1 5 0 0 0 0 0
票据种类	银行汇票		收款人开户行盖章 中国工商银行湘潭市楠竹山支行 2015 年 1 月 2 日		
票据张数	2				
单位主管　会计　复核　记账					

此联是银行交收款人的收账通知

1-2

坏账收回确认书

2015 年 1 月 2 日

欠款单位	天水汽车修理厂	坏账确认时间	2009 年 6 月 30 日
欠款金额	15000.00	坏账收回时间	2010 年 1 月 3 日
收回金额	15000.00	坏账收回原因	对方企业重组

主管：肖钢　　　　制单：李文

2-1

江南机械制造有限公司收料单

仓库名称：

供货单位：丰瑞材料有限公司　　　　2015 年 1 月 5 日　　　　第 1 号

材料编码	材料名称	送验数量	实收数量	单位	实际单价	金额								
						百	十	万	千	百	十	元	角	分
	铸铁	3500	3500	吨	200.00		7	0	0	0	0	0	0	0
附件：	张		合计			￥	7	0	0	0	0	0	0	0

第二联：交会计部门

仓库主管　　记账　　复核：张成　　制单：李美

3-1

中国工商银行
现金支票存根(湘)
DH 20102324

附加信息

出票日期 2015 年 1 月 8 日

收款人：本单位
金 额：￥67200.00
用 途：备发工资

单位主管　会计

4-1

江南机械制造有限公司职工工资发放表

2015 年 1 月 8 日

部门	编号	基本工资	其他工资	应发工资	签名
生产车间	001	1500	300	2000	略
生产车间	002	1000	100	1200	略
⋮	⋮	⋮	⋮	⋮	略
企业管理部门	062	1760	440	2200	略
⋮	⋮	⋮	⋮	⋮	略
销售部门	066	1400		1400	略
⋮	⋮	⋮	⋮	⋮	略
合计		65430	1470	67200	

现金付讫

复核：肖钢　　制表：李文

5-1

江南机械制造有限公司现金付款单

2015 年 1 月 10 日　　　　第 01 号

付款内容	补付差旅费
金额 (大写)　贰拾元整	现金付讫 ￥20.00
备注：	

会计主管　　复核　　批准部门　　领款人：王泽东

5-2

差旅费报销单

单位名称：　　　　填报日期　2015 年 1 月 10 日　　　　元

姓名	王泽东	职务		采购员		出差事由	采购	出差时间	计划 5 天 实际 4 天	
日期		起止地点		飞机、车、船票		其他费用				
月	日	起	止	类别	金额	项目		标准	计算天数	核报金额
1	4	江南市	宝庆市	汽车	100	住宿费	包干报销	50	4	300
1	8	宝庆市	江南市	汽车	100		限额报销			
						伙食补助费				
						车、船补助费				
						其他杂支				20
小计					200	小计				320
总计金额(大写)	※仟伍佰贰拾零元零角零分					预支 500 核销 520 退补 20				

主管　　部门　　审核　　出纳　　填报人：王泽东

6-1

江南机械制造有限公司领料单

领料用途：生产 1#水泵　　　　2015 年 1 月 10 日　　　　第 05 号

材料编码	材料名称	单位	请领数量	实领数量	实际单价	金额								第二联：交会计部门
						十	万	千	百	十	元	角	分	
	铸铁	吨	600	600										
	铝合金	吨	500	500										
附件：　张				合计										

仓库主管：　　记账：　　发料：张成　　领料：李江

6-2

江南机械制造有限公司领料单

领料用途：生产 2#水泵　　2015 年 1 月 10 日　　第 05 号

材料编码	材料名称	单位	请领数量	实领数量	实际单价	金额								第二联：交会计部门
						十	万	千	百	十	元	角	分	
	铸铁	吨	600	600										
	铝合金	吨	500	500										
附件：	张			合　计										

仓库主管：　　记账：　　发料：张成　　领料：李江

7-1

银行借款利息计算表

2015 年 1 月 31 日

贷款银行	贷款种类	贷款用途	本金	年利率	月利息
长沙银行	短期借款	日常周转	450 000	6%	
长沙银行	长期借款(分年付息)	日常周转	1 700 000	8%	
合计					

会计主管　　复核：肖钢　　记账　　制单：李文

8-1

职工工资分配及福利费计提表

2015 年 1 月 31 日

部 门	人员类别	工 资	职工福利(14%)	合 计
生产车间	生产 1#水泵工人	37 600		
	生产 2#水泵工人	22 000		
	管理人员	4 100		
企业管理部门	行政管理人员	8 000		
销售部门	销售人员	6 200		
合 计		**77 900**		

9-1

固定资产折旧计算表

2015 年 01 月 31 日

使用部门或用途	月初固定资产原值	年综合折旧率	月折旧额
生产车间	2 000 000	5%	
行政管理部门	1 590 000		
销售部门	620 000		
合计	**4 210 000**		

会计主管　　复核：肖钢　　记账　　制单：李文

10-1

制造费用分配表

2015 年 1 月 31 日

产品名称	分配标准/工时	分配率	分配金额/元
1#水泵	4400		
2#水泵	4600		
合 计	9000		

会计主管　　复核：肖钢　　记账　　制单：李文

训练题 9

一、企业基本情况

企业名称(所属行业)	长沙流星公司(金属制品业)
主要业务及产品类型	生产风机
单位地址、联系电话	长沙市南湖路 168 号，0731- 88339922
开户行及账号	中国工商银行南湖支行 5099923204856353427
纳税人识别号	430222354566897
适应税率	增值税率 17%，所得税率 25%
存货核算方法	全月一次加权平均法
无形资产摊销方法	直线法
主要会计岗位及人员	方浩(会计主管)、牛刚(记账员)、谭达(审核员)、李梦(制单)、何青青(出纳)
组织机构	厂办，生产车间，销售部，财务部

二、其他相关资料

(一) 2014 年 8 月 31 日有关账户余额

总账账户	明细账户	数量	借方金额	贷方金额
库存现金			1500.00	
银行存款			855 000.00	
应收账款			412 000.00	
	广州白云山饭店		500 000.00	
	长沙仪器设备厂			88 000.00
原材料			302 000.00	
	生铁	80 000kg	182 000.00	
	铸造铁	50 000kg	120 000.00	
生产成本	1#风机		720 000.00	
库存商品	1#风机	320 台	960 000.00	
固定资产			2 840 000.00	
累计折旧				400 000.00
无形资产	土地使用权		286 000.00	
累计摊销				120 000.00
实收资本				4 000 000.00
盈余公积	法定盈余公积			680 000.00
本年利润				876 500.00
利润分配	未利润分配			300 000.00
	合 计		6 376 500.00	6 376 500.00

(二) 2014年9月份所发生经济业务的原始凭证

1-1

中国工商银行 现金支票存根 (湘) $\frac{E}{0}\frac{G}{2}$ 01643656 附加信息
出票日期 2014 年 9 月 1 日
收款人：本公司
金 额：￥5000.00
用 途：备用金
单位主管：李明 会计：方浩

2-1

无形资产出资协议

甲方：星城南麓山公司

乙方：长沙流星公司

经双方协商决定，乙方接受甲方风机扇叶生产专利技术一项作为投资，期限5年，专利价值及出资额以会计师事务所对该项专利评估价值为准。

本协议自双方签字开始生效。

甲方：麓山公司 乙方：长沙流星公司

法定代表人：王海 法定代表人：李明

2014年9月1日 2014年9月1日

星城南麓山公司 业务专用章　　长沙流星公司 业务专用章

2-2

星城会计师事务所文件

星城[2014]字第 138 号

★

资产评估报告

长沙流星公司：

我所受贵单位委托，依据《中华人民共和国国有资产评估管理办法》《中华人民共和国注册会计师法》和《企业会计准则》等规定，对贵公司接受麓山公司投入的风机扇叶生产专利技术一项进行了评估。现确认该项专利技术的市场价值为玖万元整。

星城会计师事务所 业务专用章

评估员：江帆

中国注册会计师：张军

星城会计师事务所

2014 年 9 月 1 日

3-1

借　支　单

2014 年 9 月 2 日

工作部门	厂办	职务	工程师	姓名	李勇
借支金额	肆仟元整(¥4000.00)				
借款原因	去北京开会			附证件	会议通知
归还日期	会议结束归还				
核批	同意借支 4000 元整				

现金付讫

会计：方浩　　出纳：何青青　　借款人：李勇

4-1

收　料　单

2014 年 9 月 5 日　　字第 9 号

供应者：湖南省金属材料公司　　发票 **08219305** 号

编号	材料名称	规格	送验数量	实收数量	单位	单价	金额									
							千	百	十	万	千	百	十	元	角	分
	生铁		40000	40000	公斤	2.50			1	0	0	0	0	0	0	0
	铸造铁		45000	45000	公斤	2.40			1	0	8	0	0	0	0	0
备注				验收人签章	周	合计	¥208000.00									

记账：牛刚　　复核：谭达　　保管：张涛　　制单：王鄂

4-2

中国工商银行 转账支票存根 (湘)
GG/02 01558406
附加信息
出票日期 2014 年 9 月 5 日
收款人：湖南省金属材料公司
金 额：￥243360.00
用 途：购材料款
单位主管：李明 会计：方浩

4-3

湖南增值税专用发票

4300082130 　　　　湖南 抵扣联 　　　　№08219305

开票日期：2014 年 9 月 5 日

购货单位	名 称：长沙流星公司 纳税人识别号：430222354566897 地址、电话：长沙市南湖路 168 号 88339922 开户行及账号：工行南湖支行 5099923204856353427				密码区	2132—686 <9-4-1271 9<122@ 636<333		加密版本 01 4300082130 0821930553
货物或应税劳务名称	规格型号	单位	数量	单价	金 额	税率	税 额	
生铁		千克	40000	2.5	100000.00	17%	17000.00	
铸造铁		千克	45000	2.4	108000.00	17%	18360.00	
合计					￥208000.00		￥35360.00	
价税合计(大写) ⊗贰拾肆万叁仟叁佰陆拾圆整				(小写)￥243360.00				
销货单位	名 称：湖南省金属材料公司 纳税人识别号：430101662358796 地址、电话：长沙市袁家岭 0731-8789089 开户行及账号：工行五一支行 34609187896678009812				备注	湖南省金属材料公司 430101662358796 发票专用章		

第二联 抵扣联 购货方抵扣凭证

收款人： 　　复核：唐丽 　　开票人：宋梅 　　销货单位(章)

4-4

湖南增值税专用发票

4300082130　　　　　　　　　　№08219305

发票联　　　开票日期：2014 年 9 月 5 日

购货单位	名　　称：长沙流星公司 纳税人识别号：430222354566897 地址、电话：长沙市南湖路 168 号 88339922 开户行及账号：工行南湖支行 5099923204856353427	密码区	2132—686 ＜9-4-1271 9＜122@ 636＜333
		加密版本：01	4300082130 0821930553

货物或应税劳务名称	规格型号	单位	数量	单价	金额	税率	税额
生铁		千克	40000	2.5	100000.00	17%	17000.00
铸造铁		千克	45000	2.4	108000.00	17%	18360.00
合计					￥208000.00		￥35360.00
价税合计(大写) ⊗贰拾肆万叁仟叁佰陆拾圆整				(小写)￥243360.00			

销货单位	名　　称：湖南省金属材料公司 纳税人识别号：430101662358796 地址、电话：长沙市袁家岭 0731-82890891 开户行及账号：工行五一支行 34609187896678009812	备注	湖南省金属材料公司 430101662358796 发票专用章

收款人：　　　复核：唐丽　　　开票人：宋梅　　　销货单位(章)

第三联 发票联 购货方记账凭证

15-1

长沙流星公司送货单

NO 20140901

收货单位：江汉建筑公司　　　2014 年 9 月 8 日

产品名称及型号	单位	数量	单价	总价
1#风机	台	50	6000.00	300000.00
合　计				300000.00
备注：				

收货人：　　　　送货人：李斌

5-2

委托收款凭证(回单)

委托日期 2014 年 9 月 8 日　　　　第　号

收款人	全　称	长沙流星公司			付款人	全称	江汉建筑公司
	账　号	5099923204856353427				账号或住址	6059870976898264898 湖北汉口路 25 号 027-48767892
	开户银行	中国工商银行	行号	南湖支行		开户银行	中国建设银行汉口支行

委托金额	人民币：叁拾伍万壹仟元整 (大写)	千	百	十	万	千	百	十	元	角	分
			¥	3	5	1	0	0	0	0	0

款项内容	货款	委托收款凭据名称	发票合同	附寄单证张数		
备注：			款项收妥日期 年　月　日		收款人开户行盖章 月　日	

中国工商银行南湖支行 业务专用章

5-3

湖南增值税专用发票

全国统一发票监制章 湖南 国家税务总局监制 发票联

4300155674　　　　№078676542

开票日期：2014 年 9 月 8 日

购货单位	名　称： 纳税人识别号： 地址、电话： 开户行及账号：		密码区	2132—686 <9-4-1271 9<122@ 636<333	加密版本：01 4300155674 0876890679

货物或应税劳务名称	规格型号	单位	数量	单价	金　额	税率	税　额
合计							
价税合计(大写)⊗			(小写)				

销货单位	名　称： 纳税人识别号： 地址、电话： 开户行及账号：	备注	长沙流星公司 430222354566897 发票专用章

收款人：　　复　核：　　开票人：　　销货单位(章)

第一联　记账联　销货方记账凭证

6-1

中国工商银行信汇凭证(收账通知)

委托日期 2014 年 9 月 9 日

收款人	全称	长沙流星公司	汇款人	全称	广州白云山饭店
	账号或住址	5099923204856353427		账号或住址	9008042675638778263
	汇入地点	湖南长沙市　汇入行名称　南湖支行		汇出地点	广东广州市　汇入行名称　中国工商银行市分行

金额	人民币(大写)	伍拾万元整

千	百	十	万	千	百	十	元	角	分
	¥	5	0	0	0	0	0	0	0

汇款用途：归还原欠货款

上列款项已根据委托办理，如需查询，请持此回单来行面治。

单位主管：　会计：何青青　复核：谭达　记账：牛刚

汇出行盖章
2014 年 9 月 9 日

7-1

工　资　表

2014 年 9 月 10 日　　　　元

工号	姓名	应发	扣回	实发金额	收款人签章
1001	方浩	5 000.00		5 000.00	方浩
1002	牛刚	2 000.00		2 000.00	牛刚
1003	李梦	2 000.00		2 000.00	李梦
1004	李勇	2 000.00		2 000.00	李勇
⋮	⋮	⋮		⋮	
合计		140000.00		140 000.00	

复核：谭达　　　　制单：彭利

中国工商银行 现金支票存根 (湘)
$\frac{E\,G}{0\,2}$ 01643658
附加信息
出票日期 2014 年 9 月 10 日
收款人：本公司
金 额：¥140000.00
用 途：备发工资
单位主管：李明　会计：方浩

8-1

领料凭证汇总表

2014 年 9 月 30 日　　　　元

项　目	生　铁		
	数 量/公斤	单 价	金 额
生产 1#风机领用	30 000		
车间一般领用	1 000		
合 计			

记账：牛刚　　复核：谭达　　制单：彭利

9-1

工资及福利费分配表

2014 年 9 月 30 日　　　　元

部门	应付工资	福利费(14%)	合计
车间生产工人	60 000.00		
车间管理人员	20 000.00		
厂部管理人员	40 000.00		
销售部门人员	20 000.00		
合 计	140 000.00		

复核：谭达　　制单：彭利

10-1

固定资产折旧计算表

2014 年 9 月 30 日

使用单位或部门	上月计提折旧额	上月增加在用的固定资产折旧额	上月减少在用的固定资产折旧额	本月应计提折旧额
生产车间	45 200			
销售部门	5 500	800		
厂部	8 300		600	
合 计	59 000			

复核：谭达　　制单：彭利

11-1

制造费用结转表

2014 年 9 月 30 日

产品	金 额/元
1#风机	
合 计	

复核：谭达　　　　制单：彭利

12-1

产品交库单

2014 年 9 月 30 日

交库部门：生产车间　　　　产成品库：1 库

产品名称	计量单位	实收数量	单位成本/元	实际成本/元
1#风机	件	300	2793.33	838 000.00

记账：牛刚　　主管：汤燕　　保管：李文　　交库：彭静

13-1

无形资产摊销表

2014 年 9 月 30 日

无形资产名称	本月摊销额/元	未摊销额/元
专利权		
土地使用权	3000.00	
合计		

复核：谭达　　　　制单：彭利

14-1

产品销售成本计算表

2014 年 9 月 30 日　　　　元

产品名称	计量单位	销售数量	单位成本	金 额
1#风机	台	50	2900.00	
合 计				

复核：谭达　　　　制单：彭利

15-1　2014 年 9 月 30 日结转本月损益类账户的余额。

训练题 10

一、企业基本情况

企业名称(行业)	长沙通海公司(制造业)
主要业务和产品	机械制造和工位器具
单位地址、联系电话	长沙市南湖路 176 号，0731-86666343
开户行及账号	长沙银行高信支行　800243214368788
纳税人识别号	430122465675645
适应税率	增值税率 17%，企业所得税率 25%
存货核算方法	全月一次加权平均法
主要会计岗位及人员	李露(会计主管)，李喜(记账员)，戚薇威(审核员)，孙鹏(制单)，王丽(出纳员)
组织机构	厂办，生产车间，销售部，财务部

二、其他相关资料

(一) 2014 年 8 月 31 日有关账户余额

元

总账科目	明细科目	数量	借方金额	贷方金额
库存现金			5 000.00	
银行存款			1 641 500.00	
应收账款	浏阳天福		800 000.00	
其他应收款	总务科		3 000.00	
原材料			500 000.00	
	生铁	160 吨	200 000.00	
	钢板	100 吨	300 000.00	
生产成本	工具柜		120 000.00	
库存商品	工具柜	50 台	150 000.00	
固定资产			6 250 000.00	
累计折旧				320 000.00
短期借款				200 000.00
应付利息				960.00
实收资本				8 000 000.00
本年利润				453 550.00
利润分配				494 990.00
合　计			9 149 500.00	9 149 500.00

(二) 2014 年 9 月份所发生的经济业务

1-1　2014 年 9 月 1 日，从开户银行提取现金 3000 元备用，要求填写现金支票。

长沙银行
现金支票存根　(湘)

GH/02 01151818

附加信息

出票日期　年　月　日
收款人：
金 额：
用 途：
单位主管：王龙　会计：李露

本支票付款期十天

长沙银行现金支票　　支票号码 GH/02 01151818

出票日期(大写)　年　月　日　付款行名称：
收款人：　　出票人账号：
人民币（大写）　　千 百 十 万 千 百 十 元 角 分
用 途：
上列款项请从我账户内支付
出票人签章

科目(借)
对方科目(贷)
付讫日期　年　月　日
出纳　复核　记账

2-1

收　料　单

2014 年 9 月 8 日　　　　字第 9 号

供应者：上海澳宇有限责任公司						发票　号										
编号	材料名称	规格	送验数量	实收数量	单位	单价	金额									
							千	百	十	万	千	百	十	元	角	分
	生铁		20	20	吨	1550.00				3	1	0	0	0	0	0
	钢板		10	10	吨	3550.00				3	5	5	0	0	0	0
备注				验收人签章	周红	合计	￥66500.00									

记账：李喜　复核：戚薇威　保管：李涛　制单：

2-2

长沙银行电汇凭证(回　单)　　1

□普通 □加急　　委托日期 2014 年 9 月 9 日　　No 12083542

汇款人	全称	长沙通海公司	收款人	全称	上海澳宇有限责任公司
	账号	800243214368788		账号	03-830100040024768
	汇出地点	湖南省 长沙 市／县		汇入地点	省 上海 市／县
汇出行名称		长沙银行高信支行	汇入行名称		农业银行上海市嘉定区黄渡支行
金额	人民币(大写)柒万柒仟捌佰零伍元整				亿 千 百 十 万 千 百 十 元 角 分 ¥ 7 7 8 0 5 0 0
汇出行签章			支付密码		
			附加信息及用途： 复核　记账		

长沙银行高信支行 2014.9.9 转讫

此联汇出行给汇款人的回单

2-3

上海增值税专用发票

全国统一发票监制章 国家税务总局监制 上海

3100062650　　抵扣联　　№00126455

开票日期：2014 年 9 月 5 日

购货单位	名称：长沙通海公司 纳税人识别号：430122465675645 地址、电话：长沙市南湖路 176 号 86666343 开户行及账号：长沙银行高信支行 800243214368788			密码区	9132—789 ＜9-4-1271 9＜122@ 542＜0677		加密版本 01 3100062650 00126455
货物或应税劳务名称	规格型号	单位	数量	单价	金额	税率	税额
生铁		吨	20	1550.00	31000.00	17%	5270.00
钢板		吨	10	3550.00	35500.00	17%	6035.00
合计					¥66500.00		¥11305.00
价税合计(大写)⊗柒万柒仟捌佰零伍元整				(小写)¥77805.00			
销货单位	名称：上海澳宇有限责任公司 纳税人识别号：310115072811740 地址、电话：上海市嘉定区利枝路 58389546 开户行及账号：农行上海黄渡支行 03-830100040024768			备注			

上海澳宁有限责任公司 310115072811740 发票专用章

收款人：　　复核：张酷　　开票人：夏冬　　销货单位(章)

第二联 抵扣联 购货方抵扣凭证

2-4

上海增值税专用发票

3100062650　　　　　　　　　　上海　发票联　　　　　　№00126455

开票日期：2014 年 9 月 5 日

购货单位	名　　称：长沙通海公司 纳税人识别号：430122465675645 地址、电话：长沙市南湖路 176 号 86666343 开户行及账号：长沙银行高信支行 800243214368788					密码区	9132—789 <9-4-1271 9<122@ 542<0677	加密版本 01 3100062650 00126455
货物或应税劳务名称	规格型号	单位	数量	单价	金额	税率	税额	
生铁		吨	20	1550.00	31000.00	17%	5270.00	
钢板		吨	10	3550.00	35500.00	17%	6035.00	
合计					￥66500.00		￥11305.00	
价税合计(大写)⊗柒万柒仟捌佰零伍元整　　(小写)￥77805.00								
销货单位	名　　称：上海澳宇有限责任公司 纳税人识别号：310115072811740 地址、电话：上海市嘉定区利枝路 58389546 开户行及账号：农行上海黄渡支行 03-830100040024768					备注	上海澳宁有限责任公司 310115072811740 发票专用章	

收款人：　　复核：张酷　　开票人：夏冬　　销货单位(章)

第三联 发票联 购货方记账凭证

3-1

长沙银行高信支行
业务收费凭证

2014 年 9 月 9 日

户　名	长沙通海公司	付款账号	800243214368788
费用项目	金　额		币种：人民币
手续费 邮电费 收费类型：	0.50 15.00 电汇	会计分录： 借：20149 贷：26203 贷：51101	
合计金额	(小写)CNY15.50	(大写)人民币壹拾伍元伍角整	

长沙银行高信支行 2014.9.9 转讫

第四联：客户回单

4-1

领料单

领料单位：生产车间　　　　2014 年 9 月 10 日　　　　编号 0901

用途：工具柜生产

材料编号	材料名称	计量单位	数量		价格		备注
			请领	实领	单价	金额	
101	钢板	吨	12	12			

领料单位负责人：齐已　领料人：陈钱　发料人：鲁和　制单：文龙

5-1

湖南增值税专用发票

湖南

发票联

4300062620　　　　№00454610

开票日期：2014 年 9 月 12 日

购货单位	名称：长沙立博工业设备有限公司 纳税人识别号：430102792768976 地址、电话：长沙市芙蓉区火星镇 501 号 4729750 开户行及账号：长沙银行德宇支行 800069374701015	密码区	6703—323 <9-4-1271 9<122@ 973<365	加密版本： 01 4300062620 00454610

货物或应税劳务名称	规格型号	单位	数量	单价	金额	税率	税额
工具柜	051210C	台	80	5000.00	400000.00	17%	68000.00
合计					¥400000.00		¥68000.00

价税合计(大写)⊗肆拾陸万捌仟圆整　　(小写)¥468000.00

销货单位	名称：长沙通海公司 纳税人识别号：430122465675645 地址、电话：长沙市南湖路 176 号 86666343 开户行及账号：长沙银行高信支行 800243214368788	备注	长沙通海公司 430122465675645 发票专用章

收款人：　　复核：蒋娥　　开票人：郭燕　　销货单位（章）

第一联　记账联　销货方记账凭证

6-1

银行进账单

(回单或收账通知)　　NO11277586

2014 年 9 月 14 日　　**3**

<table>
<tr><td rowspan="3">出
票
人</td><td>全称</td><td colspan="11">浏阳天福有限责任公司</td></tr>
<tr><td>账号</td><td colspan="11">1901026809024522288</td></tr>
<tr><td>开户银行</td><td colspan="11">浏阳市工行</td></tr>
<tr><td colspan="2" rowspan="2">人民币</td><td>亿</td><td>千</td><td>百</td><td>十</td><td>万</td><td>千</td><td>百</td><td>十</td><td>元</td><td>角</td><td>分</td></tr>
<tr><td></td><td></td><td>¥</td><td>6</td><td>0</td><td>0</td><td>0</td><td>0</td><td>0</td><td>0</td><td>0</td></tr>
<tr><td rowspan="3">收
款
人</td><td>全称</td><td colspan="11">长沙通海公司</td></tr>
<tr><td>账号</td><td colspan="11">800243214368788</td></tr>
<tr><td>开户银行</td><td colspan="11">长沙银行高信支行</td></tr>
<tr><td colspan="2">款项来源</td><td colspan="11">货款</td></tr>
</table>

7-1　银行代发工资，填写进账单。代发银行为长沙银行高信支行，账号为800069876701097。

工 资 表

2014 年 9 月 10 日　　元

工号	姓名	应发金额	实发金额
1001	王龙	5 000.00	5 000.00
1002	李露	2 000.00	2 000.00
1003	戚薇威	2 000.00	2 000.00
1004	刘菲菲	2 000.00	2 000.00
⋮	⋮	⋮	⋮
合计		240000.00	240 000.00

复核：戚薇威　　　　制单：李京

7-2

长沙银行 转账支票存根 (湘)
$\frac{G}{0}\frac{G}{2}$ 01558407
附加信息
出票日期 2014 年 9 月 15 日
收款人：长沙通海公司工资户
金　额：240000.00
用　途：代发工资
单位主管：王龙　会计：李露

7-3

银行进账单(送票回执) 1

年　月　日　　　　　　　　　　　　0104 号

出票人	全　称		收款人	全　称	
	账　号			账　号	
	开户银行			开户银行	

人民币(大写)	百	十	万	千	百	十	元	角	分

票据种类		收款人开户行盖章
票据张数		年　月　日
备注：		

长沙银行高桥支行
2014.9.15
转讫
章

8-1

湖南省货物销售发票

全国统一发票监制章
国家税务总局监制

发票联

除付款单位项目外手工填写无效　湘国税　发印字（2009)第 024 号

发票代码：143000920887
发票号码：1678687587
机打号码：19654132
机器编号：006010021888
收款单位：东塘百货有限公司
税　号：430223196606074825
开票日期：2014-09-29 收款员：管理员
付款单位：长沙通海公司

项目	单价	数量	金额
计算器	120.00	5.00	600.00

小写合计：￥600.00
大写合计：陆佰元整
税控码：4257 7780 3304 4694 4074

卡沙市税控收款机用户
发票专用章

现金付讫

塘百货有限公司
发票专用章

8-2

办公用品领用表

2014 年 9 月 29 日

领用部门	计算器领用数量/个	金额
基本生产车间	2	240.00
行政管理部门	2	240.00
销售部门	1	120.00
合计	5	600.00

复核：戚薇威　　　　制单：伍为

9-1

长沙银行计收利息清单(支款通知)

2014 年 9 月 30 日

<table>
<tr><td>户名</td><td colspan="4">长沙通海公司</td><td>账号</td><td>800243214368788</td></tr>
<tr><td>计息起止时间</td><td colspan="4">2014 年 7 月 1 日至 2014 年 9 月 30 日</td><td colspan="2" rowspan="5">长沙银行高信支行
左列贷款利息业已从你单位账户扣付
2014.9.30
转讫
(银行签章)
转账日期 2014 年 9 月 30 日</td></tr>
<tr><td>贷款账号</td><td>计息日贷款余额</td><td>计息积数</td><td>月利率</td><td>计收利息金额</td></tr>
<tr><td>187</td><td>200 000</td><td>200 000</td><td>2.4‰</td><td>1440.00</td></tr>
<tr><td></td><td></td><td></td><td></td><td></td></tr>
<tr><td>利息金额
人民币(大写)</td><td colspan="3">壹仟肆佰肆拾元整</td><td>￥1440.00</td></tr>
</table>

10-1

工资及福利费分配表

2014 年 9 月 30 日　　　　元

部门	应付工资	福利费(14%)	合 计
车间生产工人	180 000.00		
车间管理人员	20 000.00		
厂部管理人员	20 000.00		
销售部门人员	20 000.00		
合 计	240 000.00		

复核：戚薇威　　　　制单：李京

11-1

固定资产折旧计算表

2014 年 9 月 30 日　　元

使用单位或部门	上月计提折旧额	上月增加在用的固定资产折旧额	上月减少在用的固定资产折旧额	本月应计提折旧额
生产车间	145 000.00	——	——	
销售部门	5 500..00	——	——	
厂部	8 500.00	——	——	
合 计	159 000.00	——	——	

复核：戚薇威　　制单：李京

12-1

制造费用结转表

2014 年 9 月 30 日　　元

产品	金 额
工具柜	
合 计	

复核：戚薇威　　制单：李京

13-1

产品交库单

2014 年 9 月 30 日

交库部门：生产车间　　产成品库：1 库

产品名称	计量单位	实收数量	单位成本/元	实际成本/元
工具柜	台	150	2732.27	409840.00

记账·李喜　　主管：龙高　　保管，李窗　　交库：彭语

14-1

产品销售成本计算表

2014 年 9 月 30 日　　　　元

产品名称	计量单位	销售数量	单位成本	金 额
工具柜	台	80		
合 计				

复核：戚薇威　　　　制单：李京

15-1 2014 年 9 月 30 日，结转本月损益类账户的余额。

训练题 11

一、企业基本情况

企业名称(行业)	哈尔滨市科林电机厂(制造业)
主要业务及产品	生产销售 TT 电机和 QQ 电机
单位地址及联系电话	哈尔滨市大庆路 255 号 0451-43322426
开户行名称及账号	中国工商银行哈尔滨大直支行 2301 1459 8888 7438
纳税人识别号	230136499563123
适用税率	城市维护建设税率 7%，教育费附加率 3%
存货核算方法	按实际成本核算，发出存货按先进先出法计价
主要会计岗位及人员	法人代表：李建军 财务主管：周佩 制单员：何舍 出纳：张亮 审核：王伟 记账：李旭
账务处理程序	记账凭证账务处理程序

二、2014 年 2 月 28 日总账账户余额

会计科目	借方	贷方
库存现金	2 000.00	
银行存款	1 120 000.00	
应收票据	538 560.00	
应收账款	593 000.00	
坏账准备		6 000.00
其他应收款	200.00	
库存商品	180 000.00	
原材料	275 000.00	
周转材料	10 000.00	
无形资产	490 000.00	
固定资产	920 000.00	
累计折旧		200 000.00
应付账款		100 000.00
短期借款		20 000.00
应付利息		60.00
应付职工薪酬		85 000.00
实收资本		1 863 700.00
资本公积		1 000 500.00
盈余公积		400 000.00
利润分配		450 000.00
本年利润		3 500.00
合计	4 128 760.00	4 128 760.00

2014年2月28日有关明细账余额：

(1)“原材料——黄铜”明细账期初结存数量为5吨，单位成本为5000.00元，金额为25 000.00元；“原材料——电器元件”明细账期初结存数量为1250个，单位成本为200.00元，金额为250 000.00元；

(2)“应收账款——鲁东机械厂”期初为借方余额593 000.00元。

(3)“库存商品——TT电机”明细账期初结存数量为10台，单位成本为8 000.00元，金额为80000.00元，“库存商品——QQ电机”明细账期初结存数量为10台，单位成本为10 000.00元，金额为100 000.00元，

(4)期初短期借款借入时间为2014年2月1日，期限为3个月，年利率为3.6%；按月计提利息，一次还本付息。

三、2014 年 3 月所发生经济业务的原始凭证

1-1

(长期贷款)借款凭证(回单)③

单位编号：00520　　　　2014 年 3 月 1 日　　　　银行编号：000198

借款人	全 称	哈尔滨市科林电机厂	贷款人	全 称	中国工商银行
	放款户账号	2301100999000888		往来户账号	2301100444000777
	开户银行	工行哈尔滨大直支行		开户银行	中国工商银行

借款期(最后还款日)	2015 年 3 月 1 日	年利率	6%

			百	十	万	千	百	十	元	角	分
借款申请金额	人民币(大写)壹拾万元整		￥	1	0	0	0	0	0	0	0
借款原因及用途	生产资金借款	银行核定金额	￥	1	0	0	0	0	0	0	0

期限	实际还款日期	√	实际还款金额	分次还款	期次	还款日期	还款金额	结欠
1	2015 年 3 月 1 日		130 000.00					
2								

备注：	上述借款业已同意贷给并转入你单位账户，借款到期时应按期归还，此致 放款单位：中国工商银行哈尔滨大直支行

中国工商银行大直支行

此联是借款人借款凭证

2-1 2014 年 3 月 2 日公司从银行提取现金 5 000 元，请填写如下的空白现金支票。

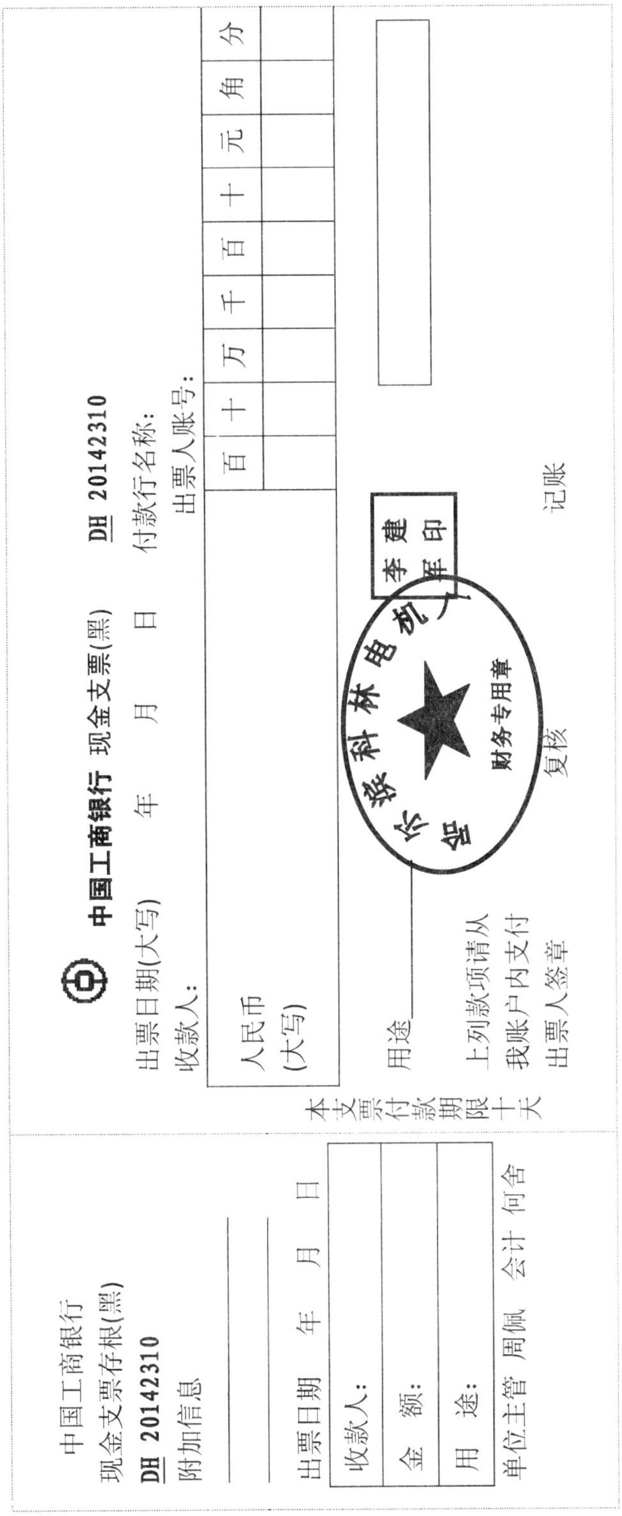

3-1

差旅费报销单

单位名称：行政部　　　　填报日期　2014 年 3 月 5 日　　　　　　　元

姓名		刘强	职务	办事员		出差事由	会议	出差时间	实际 7 天	
日期		起止地点		飞机、车、船票		其他费用				
月	日	起	止	类别	金额	项目		标准	计算天数	核报金额
2	27	哈尔滨市	大连市	火车	110	住宿费	包干报销	40	7	280
3	5	大连市	哈尔滨市	火车	110		限额报销			
						伙食补助费				
						车、船补助费				
						其他杂支				
小计					220	小计				280
总计金额(大写)		零仟伍佰零拾零元零角零分					预支 200 核销 500 退补 300			

主管　　审核：周佩　　出纳：张亮　　填报人：刘强

4-1

收　料　单

2014 年 3 月 6 日　　　　编号：20140301

供应者：哈尔滨恒信公司			发票 230100891 号			2014 年 3 月 6 日收到										
编号	材料名称	规格	送验数量	实收数量	单位	单价	金额									
							千	百	十	万	千	百	十	元	角	分
	黄铜		1	1	吨	5600					5	6	0	0	0	0
	电器元件		20	20	个	220					4	4	0	0	0	0
	合计									1	0	0	0	0	0	0
备注				验收人签章	周红	合计：￥10000.00										

会计　　出纳　　复核　　记账：李旭　　制单：彭丹

4-2

黑龙江增值税专用发票

230100891 　　　　　　　　　　　　　　　　№ 10345

开票日期：2014 年 3 月 6 日

购货单位	名　　称： 纳税人识别号： 地址、电话： 开户行及账号：	哈尔滨科林电机厂 230136499563123 哈尔滨市大庆路 255 号 0451-43322426 工商银行大直支行 2301100999000888	密码区	321—3 < -12 > 5 < 89 > 61246 = -25 > -98=255 8910—342 加密版本：09 230100891 1034568

货物名称	规格型号	单位	数量	单价	金额	税率	税额
黄铜		吨	1	5600	5600.00	17%	952.00
电器元件		个	20	220	4400.00	17%	748.00
合计					¥10000.00		¥1700.00
价税合计（大写）	⊗壹万壹仟柒佰元整				（小写）¥11700.00		

销货单位	名　　称： 纳税人识号： 地址、电话： 开户行及账号：	哈尔滨恒信公司 230103278190345 哈尔滨市南直路 33 号 0451-28734268 工行南直支行 2301100890235608	备注	哈尔滨恒信公司 230103278190345 发票专用章

收款人：　　　复核：　　　开票人：李军　　　销货单位（章）

第二联 抵扣联 购货方抵扣凭证

4-3

黑龙江增值税专用发票

230100891 　黑龙江　 № 10345

开票日期：2014 年 3 月 6 日

购货单位	名称：哈尔滨科林电机厂 纳税人识别号：230136499563123 地址、电话：哈尔滨市大庆路 255 号 0451-43322426 开户行及账号：工商银行大直支行 2301100999000888				密码区	321—3<-12> 5<89>61246= -25>-98=255 8910—342	加密版本：09 230100891 1034568
货物名称	规格型号	单位	数量	单价	金额	税率	税额
黄铜		吨	1	5600	5600.00	17%	952.00
电器元件		个	20	220	4400.00	17%	748.00
合计					¥10000.00		¥1700.00
价税合计（大写）	⊗壹万壹仟柒佰元整				（小写）¥11700.00		
销货单位	名称：哈尔滨恒信公司 纳税人识别号：230103278190345 地址、电话：哈尔滨市南直路 33 号 0451-28734268 开户行及账号：工行南直支行 2301100890235608				备注		

收款人：　　复核：　　开票人：李军　　销货单位（章）

第二联 发票联 购货方记账凭证

4-4

中国工商银行 转账支票存根(黑) DH 20142311
附加信息
出票日期 2014 年 3 月 6 日
收款人：哈尔滨恒信公司
金 额：￥11 700.00
用 途：购料
单位主管：周佩　会计：何舍

5-1

发料单

2014年3月11日　　　　编号：201401

项　目	黄铜			电器元件		
	数量	单价	金额	数量	单价	金额
生产TT电机领用	5吨					
车间一般领用				50个		
合计						

仓库主管：张勇　　发料人：肖晓　　领料人：肖兵

6-1

产品销售单

2014年3月13日　　№：201400986

购货单位	名称	厦门大洋公司		纳税登记号	320505488721032
	地址、电话	厦门禾祥西路163号 0592-2208748		开户银行及账号	工商银行厦门禾祥支行 20586545125
货物或劳务名称	规格型号	计量单位	数量	单价(不含税)	金　额
电机	TT	台	2	10000.00	20000.00
电机	QQ	台	3	20000.00	60000.00
合　计					80000.00
销售人员	刘洋		销售主管	梁冰	

⑤财务部门

6-2

产　品　出　库　单

购货单位：厦门大洋公司　　2014年3月13日　　编号：201401

产品编号	产品名称	规格	单位	数量		单价	金额							
				请发	实发		十	万	千	百	十	元	角	分
	电机	TT	台	2	2									
	电机	QQ	台	3	3									
合计														

第二联会计部门记账

审批：梁冰　　发货人：肖红　　提货人：王兵　　记账：李旭

6-3

委托收款凭证(回单)

委托日期 2014 年 3 月 13 日　　　第 9801 号

收款人	全　称	哈尔滨市科林电机厂	付款人	全　称	厦门大洋公司
	账号 住址	2301 1459 8888 7438		账号 住址	20586545125 厦门禾祥西路 163 号
	开户银行	中国工商银行哈尔滨大直支行		开户银行	工商银行厦门禾祥支行

委托金额	人民币(大写)：玖万叁仟陆佰元整	千	百	十	万	千	百	十	元	角	分
				¥	9	3	6	0	0	0	0

款项内容	货款	委托收款凭据名称	发票合同	附寄单证张数	2
备注：		款项收妥日期 年 月 日		收款人开户行盖章 月 日	

中国工商银行 大直支行 10.03.13 业务受理章

单位主管：周佩　　出纳：张亮　复核：王伟　记账：李旭

6-4

黑龙江增值税专用发票

全国统一发票监制章 黑龙江 国家税务总局监制

230009456　　　№ 106789

此联不作报销、扣税凭证使用　　开票日期:

购货单位	名　称: 纳税人识别号: 地址、电话: 开户行及账号:		密码区	245—0＜-56＞＞908 3＜28＞6146＝1254 2583--55689	加密版本：09 230009456 106789

货物或应税劳务名称	规格型号	单位	数量	单价	金额	税率	税额
价税合计(大写)	⊗				(小写)		

销货单位	名　称: 纳税人识别号: 地址、电话: 开户行及账号:		备注	

第一联　记账联　销货方记账凭证

收款人:　　复核：梁兵　　开票人：刘洋　　销货单位(章)

7-1

（ 中国工商 银行）进账单（收账通知） 3

2010 年 3 月 20 日

付款人	全 称	鲁东机械厂	收款人	全 称	哈尔滨市龙腾电机厂
	账 号	370118889008765		账 号	2301100999000888
	开户行	工行青岛香樟支行		开户行	工行哈尔滨大直支行
金 额	人民币(大写) 伍拾玖万叁仟元整			亿千百十万千百十元角分	¥ 5 9 3 0 0 0 0 0
票据种类		电汇凭证	中国工商银行哈尔滨大直支行 转讫章		
票据张数		1			
复核 记账			收款人开户银行签章		

此联是收款人开户银行交给收款人的收账凭证

8-1

中国工商银行
转账支票存根(黑)
DH 20142312
附加信息

出票日期 2014 年 3 月 22 日

收款人：工资结算户
金 额：¥85 000.00
用 途：发放工资

单位主管：周佩 会计：何舍

8-2

2014 年 2 月份工资发放汇总表

发放日期：2014 年 3 月 22 日 元

工号	姓名	金 额
1001	周佩	3 000.00
1002	张亮	2 000.00
1003	王伟	2 000.00
⋮	⋮	⋮
合 计		85 000.00
备注：工资已通过开户行转入个人账户		

复核：周佩 出纳：张亮 制单：何舍

9-1

2014年3月份工资分配汇总表

编制日期：2014年3月31日　　　　元

项　　目	金　额
TT车间生产工人	20 000.00
QQ车间生产工人	30 000.00
车间管理人员	25 000.00
厂部管理人员	5 000.00
合　计	80 000.00

复核：周佩　　　　制单：何舍

10-1

固定资产折旧计算表

2014年3月31日

车间、部门	金　额/元
生产车间	6 000.00
管理部门	1 000.00
合计	7000.00

复核：周佩　　　　制单：何舍

11-1

生产车间制造费用分配表

2014年3月31日

分配对象	分配标准 (生产工人工资)	分配率	分配金额/元
TT电机	20 000.00		
QQ电机	30 000.00		
合　计	50 000.00		

复核：周佩　　　　制单：何舍

12-1

城市维护建设税及教育费附加计算表

2014 年 3 月 31 日

项目 税种	计税依据				税率	应纳税额
	增值税	营业税	消费税	合计		
城市维护建设税						
教育费附加						

13-1

已销产品成本计算单

2014 年 3 月 31 日

产品	数量	单位	单价	实际成本/元
合计				

复核：周佩　　　　　　　　制单：何舍

14-1

借款利息计算表

2014 年 3 月 31 日

借款本金	借入时间	借款期限	月利率	应付利息	备注
20 000					利息按月计提，一次还本付息
100 000					本息到期一次性归还
合计					

复核：周佩　　　　　　　　制单：何舍

15-1　结转损益类账户的余额。

训练题 12

一、企业基本情况

企业名称：厦门南星车床厂
企业类型：制造业
法人代表：周庆
注册资金：1000 万
经营地址：厦门市湖滨南路 75 号
电　话：0592-5789909
经营范围：CW 型、CY 型普通车床的生产、销售
纳税人登记号：352564567545455
税率：增值税 17%，城建税 7%，教育费附加 3%
开户银行：中国银行厦门湖里支行
开户银行账号：3521885367896645449
财务人员：会计主管：黄娟　记账凭证制单员：张晓红
审核员：李威　记账员：彭辉　出纳员：高辉

账务处理程序：记账凭证账务处理程序。存货采用实际成本计价核算,发出存货成本采用全月一次加权平均法计算确定。

从 2010 年 1 月 1 日起执行新企业会计准则。

二、其他相关资料

(一) 2010 年 1 月 1 日总分类账户余额

元

总分类账户	借方余额	贷方余额
库存现金	3 000.00	
银行存款	760 000.00	
其他货币资金	165 000.00	
应收账款	800 000.00	
坏账准备(应收账款)		41 000.00
应收票据	100 000.00	
其他应收款	50 000.00	
原材料	1 100 000.00	
生产成本	840 000.00	
制造费用		
库存商品	828 000.00	
固定资产	12 500 000.00	

累计折旧		3 200 000.00
在建工程	535 000.00	
应付账款		963 700.00
应付职工薪酬		145 800.00
实收资本		10 000 000.00
资本公积		720 500.00
盈余公积		2 110 000.00
利润分配		500 000.00
合　计	17 681 000.00	17 681 000.00

(二) 2010年1月1日有关明细账余额

(1)"应收账款——大连重型机械厂"期初借方余额为250000元。

(2)"原材料——圆钢"明细账期初结存数量为80吨，单位成本为3000元，金额为240000元。

(3)"库存商品"明细账期初余额。

元

产品名称	结存数量/台	单位实际成本	期初余额
CW型普通车床	25	24000	600 000.00
CY型普通车床	15	15200	228 000.00

(4)"固定资产"明细账期初余额。

元

使用部门	固定资产类别	账面原值
车间	房屋及建筑物	4 130 000.00
	机器设备	3 990 000.00
	其他	1 950 000.00
	小计	10 070 000.00
厂部	房屋及建筑物	1 400 000.00
	办公设备	400 000.00
	小计	1 800 000.00
销售部	房屋及建筑物	513 500.00
	办公设备	116 500.00
	小计	630 000.00

(三) 2010 年 1 月份所发生经济业务的原始凭证

1-1

中国 银行

现金支票存根

56891001

附加信息

出票日期 2010 年 1 月 5 日

收款人	张辉
金　额	¥5000.00
用　途	差旅费

单位主管 周庆　会计 李娟

1-2

借 款 单

2010 年 1 月 5 日　　　　第 142 号

借款部门	销售部	姓名	张辉	事由	出差	
借款金额（大写）	零 万 伍 仟 零 佰 零 拾 零 元 零 角 零 分 ¥ 5000.00					
部门负责人签署	王 红	借款人签章	张 辉	注意事项	一、凡借用公款必须使用本单 二、第三联为正式借据由借款人和单位负责人签章 三、出差返回后三天内结算	
单位领导批示	周 庆	审核意见	同意借支			

第三联、记账凭证

2-1

付款期限
壹个月

中 国 银 行

ⅢXI 00448760

银 行 汇 票（多 余 款 收 账 通 知）4

第 1536 号

出票日期（大写） 贰零零玖年壹拾贰月零叁拾日　　代理付款行：中国银行厦门湖里支行　行号：352

收款人：天津长建钢铁公司　　账号：12002982222889045679

出票金额　人民币（大写）　壹拾陆万伍仟元整

实际结算金额	人民币（大写）	壹拾陆万贰仟陆佰叁拾元整	千	百	十	万	千	百	十	元	角	分
				¥	1	6	2	6	3	0	0	0

申请人：厦门南星车床厂　　帐号或住址：35218853678966645449

出票行：中国银行厦门湖里支行

备注：前欠货款

出票银行签章

密押							科目（借） 对方科目（贷） 兑付日期：2010 年 1 月 6 日
多余金额							
万	千	百	十	元	角	分	
¥	2	3	7	0	0	0	复核　　记帐

中国银行厦门湖里支行 10.01.7 业务受理章

余款贷方凭证

此联代理付款行兑付后随报单寄出票行，由出票行作多

2-2

天津增值税专用发票

1200082130　　　　　　　　　　　　№ 00128810

天津　抵扣联

开票日期：2010 年 1 月 6 日

购货单位	名称：厦门南星车床厂 纳税人识别号：352564567545455 地址、电话：厦门市湖滨南路 75 号 0592-5789909 开户行及账号：中国银行厦门湖里支行 3521885367896645449			密码区	321—3 < -12 > 5 < 89 > 61246 = -25 > -98=255 8910—342		加密版本：01 1200082130 00128810
货物或应税劳务名称	规格型号	单位	数量	单价	金额	税率	税额
生铁		吨	30	2500.00	75000.00	17%	12750.00
圆钢		吨	20	3200.00	64000.00	17%	10880.00
合计					￥139000.00		￥23630.00
价税合计(大写)	⊗壹拾陆万贰仟陆佰叁拾元整				(小写)￥162630.00		
销货单位	名称：天津长建钢铁公司 纳税人识别号：120144256322183 地址、电话：天津市津永路 56 号 0226-5234100 开户行及账号：中国工商银行天津市支行 1200298222889045679			备注			

收款人：高辉　　　　复核：李爱国　　　　开票人：李　　　　销货单位：(章)

天津长建钢铁公司 1201442 56322183 发票专用章

第二联 抵扣联 购货方抵扣凭证

2-3

天津增值税专用发票

1200082130　　　　　　　　　　№ 00128810

发票联

开票日期：2010 年 1 月 6 日

购货单位	名称：厦门南星车库 纳税人识别号：352564567545455 地址、电话：厦门市湖滨南路 0592-5789909 开户行及账号：中国银行厦门湖里支行 3521885367896645449				密码区	321—3＜-12＞ 5＜89＞61246＝ -25＞-98=255 8910—342	加密版本：01 1200082130 00128810
货物或应税劳务名称	规格型号	单位	数量	单价	金额	税率	税额
生铁		吨	30	2500.00	75000.00	17%	12750.00
圆钢		吨	20	3200.00	64000.00	17%	10880.00
合计					￥139000.00		￥23630.00
价税合计（大写）	⊗壹拾陆万贰仟陆佰叁拾元整				（小写）16[illegible]30.00		
销货单位	名称：天津长建钢铁公司 纳税人识别号：120144256322183 地址、电话：天津市津永路 56 号 0226-5234100 开户行及账号：中国工商银行天津市支行 1200298222889045679				备注		

收款人：高辉　　复核：李爱国　　开票人：李明　　销货单位（章）

第三联 发票联 购货方记账凭证

2-4

收料单

2010 年 1 月 8 日　　编号：02442651 仓库：原料库

供应者：天津长建钢铁公司			发票 00128810 号			2014 年 1 月 8 日收到											
编号	材料名称	规格	送验数量	实收数量	单位	单价	金额										
							千	百	十	万	千	百	十	元	角	分	
	生铁		30	30	吨	2500				7	5	0	0	0	0	0	
	圆钢		20	20	吨	3200				6	4	0	0	0	0	0	
	合计								1	3	9	0	0	0	0	0	
备注：				验收人签章	刘汉	合计：￥139000.00											

复核：李威　　开票人：张晓红　　仓管：赵星云

注：在收到材料时同时收到以上凭证。

3-1

福建增值税专用发票

3500082130　　　　№ 00128963

此联不作报销、扣税凭证使用　　开票日期：2010年1月8日

<table>
<tr><td rowspan="4">购货单位</td><td colspan="4">名　　称：湖南省东风机械厂
纳税人识别号：438523258852541
地址、电话：湖南省湘潭市河西大道10号 52515255
开户行及账号：湘潭市建设银行湘潭支行 43001530660000000768</td><td rowspan="4">密码区</td><td>215—1<-12>>
3<22>61246=
-83>-×24=201</td><td>加密版本：
01
3500082130
00128963</td></tr>
<tr><td>货物或应税劳务名称</td><td>规格型号</td><td>单位</td><td>数量</td><td>单价</td><td>金额</td><td>税率</td><td>税额</td></tr>
<tr><td>CW型普通车床</td><td>CW型</td><td>台</td><td>8</td><td>42300.00</td><td>338400.00</td><td>17%</td><td>57528.00</td></tr>
<tr><td>合计</td><td></td><td></td><td></td><td></td><td>￥338400.00</td><td></td><td>￥57528.00</td></tr>
<tr><td colspan="2">价税合计（大写）</td><td colspan="7">⊗叁拾玖万伍仟玖佰贰拾捌元整　　（小写）￥395928.00</td></tr>
<tr><td>销货单位</td><td colspan="4">名　　称：厦门南星车床厂
纳税人识别号：352564567545455
地址、电话：厦门市湖滨南路75号 0592-586325
开户行及账号：中国银行厦门湖里支行 35218853678966454449</td><td>备注</td><td colspan="3">厦门南星车床厂 3528141 03654167 发票专用章</td></tr>
</table>

收款人：　　复核：李威　　开票人：高辉　　销货单位（章）

3-2

委托收款凭证(回单)

委托日期 2010年1月8日　　第9012号

<table>
<tr><td rowspan="3">付款人</td><td>全　称</td><td colspan="3">湖南省东风机械厂</td><td rowspan="3">收款人</td><td>全　称</td><td colspan="10">厦门南星车床厂</td></tr>
<tr><td>账号
住址</td><td colspan="3">43001530660000000768</td><td>账号
住址</td><td colspan="10">35218853678966454449
厦门市湖滨南路75号</td></tr>
<tr><td>开户银行</td><td colspan="3">湘潭市建设银行湘潭支行</td><td>开户银行</td><td colspan="10">中国银行厦门湖里支行</td></tr>
<tr><td colspan="2" rowspan="2">委托金额</td><td colspan="5" rowspan="2">人民币(大写)：叁拾玖万伍仟玖佰贰拾捌元整</td><td>千</td><td>百</td><td>十</td><td>万</td><td>千</td><td>百</td><td>十</td><td>元</td><td>角</td><td>分</td></tr>
<tr><td></td><td>￥</td><td>3</td><td>9</td><td>5</td><td>9</td><td>2</td><td>8</td><td>0</td><td>0</td></tr>
<tr><td>款项内容</td><td>货款</td><td>委托收款凭据名称</td><td>发票
合同</td><td>附寄单证张数</td><td colspan="12">2</td></tr>
<tr><td colspan="3">备注：</td><td colspan="2">款项收妥日期
年　月　日</td><td colspan="12">收款人开户行盖章
中国银行厦门湖里支行 10.01.7
年　月　日</td></tr>
</table>

3-3

产品出库单

用途：销售　　　　　　　　2010 年 1 月 8 日　　　　　　　　编号：1101

类别	编号	名称及规格	计量单位	数量	单位成本	总成本	附注
合　　计							

记账：彭辉　　　保管：于洋　　　复核：赵阳　　　制单：张晓红

4-1

银行电汇凭证(收账通知)

委托日期 2010 年 1 月 10 日　　　4

汇款人	全　称	大连重型机械厂	收款人	全　称	厦门南星车床厂
	账号 住址	2001530660076809875		账号 住址	3521885367896645449 厦门市湖滨南路 75 号
	汇出地点	辽宁**省** 大连 **市/县**		汇入地点	福建**省** 厦门 **市/县**
汇出行名称		中国工商银行大连前门支行	汇入行名称		中国银行厦门湖里支行

金额	人民币(大写)：贰拾伍万元整	千	百	十	万	千	百	十	元	角	分
			¥	2	5	0	0	0	0	0	0

款项已汇入收款人账户 汇出行签章	支付密码： 附加信息及用途： 中国工商银行 大连 前门支行 复核：　记账：

此联给收款人的收账通知

5-1

厦门市劳务(服务)收入发票

闽厦[illegible]市　(2014) 3 号 №0001489

客户：厦门南星车床厂　2010 年 1 月 11 日

项　目	规格	单位	数量	金额 万	千	佰	十	元	角	分	备　注
广告宣传费					4	5	0	0	0	0	同意报销　周庆
金额(大写)：*肆仟伍佰元整*				￥	4	5	0	0	0	0	

第二联：发票联

收款单位盖章(未盖章无效)　开票人：陈真　收款人：李红

（印章：厦门市新天广告服务公司 财务专用章；全国统一发票监制章 税务局监制）

5-2

中国银行
转账支票存根(闽)
DH 25841004
附加信息
____
____
出票日期　年　月　日

收款人：
金　额：
用　途：

单位主管：周庆　会计：李兰

本支票付款期限十天

中国银行 转账支票(闽) 门　DH 25841004

出票日期(大写)　年　月　日　付款行名称：

收款人：　出票人账号：

人民币(大写)	百	十	万	千	百	十	元	角	分

用途____________

上列款项请从

我账户内支付

（印章：厦门南星车床厂 财务专用章；周庆印）

出票人签章　复核　记账

6-1

无形资产验收单

2010 年 1 月 18 日　　　　编号 24452

<table>
<tr><td>名 称</td><td colspan="2">规格型号</td><td>来源</td><td>数量</td><td>购（造）价</td><td>使用年限</td><td>预计残值</td></tr>
<tr><td>专利技术</td><td colspan="2"></td><td>接受投资</td><td>1</td><td>36000.00</td><td>10</td><td></td></tr>
<tr><td>安装费</td><td colspan="2">月折旧率</td><td colspan="2">建造单位</td><td>交工日期</td><td colspan="2">附件</td></tr>
<tr><td></td><td colspan="2"></td><td colspan="2"></td><td>2010 年 1 月 18 日</td><td colspan="2"></td></tr>
<tr><td>验收部门</td><td>技术科</td><td>验收人员</td><td>刘备</td><td>管理部门</td><td></td><td>管理人员</td><td></td></tr>
<tr><td>备注</td><td colspan="7"></td></tr>
</table>

6-2

投资协议书(摘要)

接受投资单位：厦门南星车床厂(甲方)

投资单位：厦门市机床附件厂(乙方)

甲方经与乙方协议并遵循以下投资规定：

－－－－－－－－－－

第三，厦门市机床附件厂以专利技术作价 36000 元，向厦门南星车床厂投资 36000 元。第四，厦门市机床附件厂投资额 36000 元全部计入厦门南星车床厂实收资本。

第五，厦门市机床附件厂必须在 2010 年 1 月 20 日前向厦门南星车床厂出资完毕。

甲方签章：　　　　乙方签章：

厦门南星车床厂 财务专用章　　　　厦门市机床附件厂

法人代表签章：　　　　法人代表签章：

张勇利印

周庆印

2010 年 1 月 18 日

6-3

江厦会计师事务所文件

闽[2010]字第 159 号

★

资产评估报告

厦门南星车床厂：

我所受贵单位委托，依据《中华人民共和国国有资产评估办法》《中华人民共和国注册会计师法》和《企业会计制度》等规定，对贵单位接受厦门市机床附件厂投入的专利技术一项进行了评估。现确认该专利技术的市场价值为人民币叁万陆千元整。

评估员：王　军　　　　江厦会计师事务所

中国注册会计师：张　立　　　　2010 年 1 月 18 日

（印章：厦门江厦会计师事务所业务公章）

7-1

领料单

领料部门：基本生产车间

领料用途：CW 型普通车床领用　　2010 年 1 月 18 日　　第 001 号

材料编码	材料名称	单位	请领数量	实领数量	实际单价	金额							
						十	万	千	百	十	元	角	分
	圆钢	吨	15	15									
附件：1 张				合　计									

第二联：交会计部门

仓库主管：于洋　记账：彭辉　发料：李威　领料：王海

7-2

领料单

领料部门：基本生产车间

领料用途：CY 型普通车床领用　　2010 年 1 月 19 日　　第 002 号

材料编码	材料名称	单位	请领数量	实领数量	实际单价	金额							
						十	万	千	百	十	元	角	分
	圆钢	吨	10	10									
附件： 1 张				合　计									

第二联：交会计部门

仓库主管：于洋　记账：彭辉　发料：李威　领料：王海

7-3

领料单

领料部门：基本生产车间

领料用途：一般领用　　2010 年 1 月 20 日　　第 003 号

材料编码	材料名称	单位	请领数量	实领数量	实际单价	金额							
						十	万	千	百	十	元	角	分
	圆钢	吨	2	2									
附件： 1 张				合　计									

第二联：交会计部门

仓库主管：于洋　记账：彭辉　发料：李威　领料：王海

8-1

工资费用结算表

2010 年 1 月 20 日　　　　　　　　　　元

工　号	姓　名	金　额
1001	周庆	1 900.00
1002	李娟	1 700.00
1003	李兰	1 500.00
1004	李威	1 500.00
⋮	⋮	⋮
合　计		145800.00
备注：工资已通过开户行转入个人账户		

复核：李花　　　制单：周佳

8-2

中国　**银行**　(闽)

转账支票存根

25841005

附加信息

出票日期 2010 年 1 月 20 日

收款人	厦门闽发车床厂
金　额	¥145800.00
用　途	发放职工工资

单位主管：周庆　会计：李娟

9-1

工资费用分配表

2010 年 1 月 31 日　　　　元

项　　目	金　额
生产 CW 普通车床工人	32 000.00
生产 CY 普通车床工人	28 000.00
车间管理人员	20 000.00
厂部管理人员	40 000.00
销售部门人员	40 000.00
合　计	**160 000.00**

复核：李花　制单：周佳

10-1

固定资产折旧计提表(平均年限法)

2010 年 1 月 31 日　　　　元

固定资产类别	预计使用年限	预计净残值率	车间		厂部		销售部		合计	
			原值	月折旧额	原值	月折旧额	原值	月折旧额	原值	月折旧额
房屋及建筑物	20 年	4%								
机器设备	6.5 年	6.4%								
办公设备	5 年	4%								
其他	13.5 年	2.8%								
合　计										

审核：李威　　　编制：张晓红

11-1

发料凭证汇总表

2010 年 1 月 31 日　　　　　　　　　　　　元

项　目	圆　钢		
	数 量	单 价	金 额
CW 型普通车床领用	15 吨		
CY 型车床领用	10 吨		
车间一般领用	2 吨		
合　计	**27 吨**		

复核：赵阳　　　　　　制单：彭一

12-1

制造费用分配表

2010 年 1 月 31 日　　　　　　　　　　　　元

项 目	分配标准(工资)	分配率	分配金额
CW 普通车床			
CY 普通车床			
合　计			

制单：张晓红　　　　　　复核：李玲

13-1

无形资产摊销表

2010 年 1 月 31 日　　　　元

无形资产名称	本月摊销额	未摊销额
专利技术		
合计		

复核：刘红　　　　制表：彭利

14-1

产品销售成本计算单

2010 年 1 月 31 日　　　　元

产品名称	计量单位	销售数量	单位成本	金　额
合　计				

制表人：张晓红　　复核：赵阳

15-1

营业税金及附加计算表

2010 年 1 月 31 日　　　　元

项目 税种	计税依据				税率	应纳税额
	增值税	营业税	消费税	合计		
城市维护建设税						
教育费附加						

复核：赵阳　　　　制单：张晓红

16-1　期末结转损益类账户。

训练题 13

一、企业基本情况介绍

企业名称	长沙骏景窗机厂
企业类型	制造业有限责任公司，增值税一般纳税人，注册资金 150 万元
产品类型	F-4 型百叶窗和 F-HB 型风机(均在一个基本生产车间组织生产)
法人代表兼厂长	王浩
企业组织机构	设有办公室、财务、技术、销售等部门和一个基本生产车间
经营地址及电话	湖南省长沙市中山路 26 号 0731—86666666
开户银行及账号	中国工商银行长沙中山支行，3220623907086787
纳税人识别号	430312330225643
适用税率	增值税税率 17%，城建税税率 7%，教育费附加率 3%
会计岗位设置	财务主管(复核)：郝建 会计(制单)：赵刚 出纳：丁立
会计核算程序	记账凭证账务处理程序
存货核算方法	按实际成本计价，发出存货采用移动加权平均法计价
产品成本计算方法	采用品种法，月末不计算在产品成本

二、2014年4月30日有关账户余额表

元

总账科目	明细科目	计量单位	数量	单价	借方余额	贷方金额
库存现金					4 700.00	
银行存款					600 000.00	
应收账款					3 200.00	
	湘潭电机厂				3 840.00	
	南京电机厂					640.00
其他应收款					1 000.00	
	苏田田				1 000.00	
原材料					237 450.00	
	铝材	吨	5	27000.00	135 000.00	
	钢管	吨	25	3940.00	98 500.00	
	油漆	桶	2	1975.00	3 950.00	
库存商品					260 000.00	
	F4 百叶窗	台	50	1000.00	50 000.00	
	F-HB 风机	台	30	7000.00	210 000.00	
固定资产					1 000 000.00	
累计折旧						59 500.00
预收账款						114 000.00
	纳泰机电公司					114 000.00
应交税费						238.00
	应交城建税					166.60
	应交教育费附加					71.40
实收资本						1 500 000.00
盈余公积						306 330.00
本年利润						126 282.00
合计					2 106 350.00	2 106 350.00

三、2014年5月份发生的经济业务

1-1 5月6日，从银行提取现金3000元备用。

中国工商银行 现金支票存根(湘)
DH02251606
附加信息

出票日期 年 月 日
收款人：
金 额：
用 途：
单位主管 会计

中国工商银行 现金支票(湘) DH 02251606
本支票付款期限十天
出票日期(大写) 年 月 日 付款行名称：
收款人： 出票人账号：

人民币(大写)	百	十	万	千	百	十	元	角	分

2-1

差旅费报销单

部门：办公室　　　　填报日期 2014年5月8日　　　　元

姓名		苏田田	职务	干事		出差事由	开会	出差时间	自2014年4月25日至28	
									实际4天	
日期		起止地点		飞机、车、船票		其他费用				
月	日	起	止	类别	金额	项目		标准	计算天数	核报金额
4	25	长沙	上海	火车	120.00	住宿费	包干报销	160.00	3	480.00
4	28	上海	长沙	火车	120.00		限额报销			
						伙食补助费		50.00	2	100.00
						车、船补助费		30.00	2	60.00
						其他杂支				10.00
小计					240.00	小计				650.00
总计金额(大写)		零万零仟捌佰玖拾零元零角零分				预支1000.00报销890.00退补110.00				

附件伍张

主管：郝建　　　审核：赵刚　　　出纳：丁立　　　填报人：苏田田

2-2

长沙骏景窗机厂往来结算收款收据

年　月　日　　　　第086号

今收到：										
人民币(大写)			万	千	百	十	元	角	分	
事由：										
交款人		财务负责人		收款人						

第三联：记账联

3-1

中华人民共和国　地税　地
税收通用缴款书

隶属关系：　　　　　　　　　　　　　　　　№：2014050056328

经济类型：*制造业*　签发日期 *2014* 年 *5* 月 *9* 日　　收入机关：*长沙市雨花地*

缴款单位（人）	纳税代码	*430312330225643*	预算科目	款	*工商税收*
	全　称	*长沙骏景窗机厂*		项	*城建税、教育费附加*
	开户银行	*中国工商银行长沙中山支行*		级次	*市级*
	账　号	*3220623907086787*	收款国库		*中国人民银行雨花支行国库*

税款所属时期：*2014* 年 *4* 月 *1* 日—*2014* 年 *4* 月 *30* 日　税款限缴日期：*2014* 年 *5* 月 *9* 日

税目名称	课税数量	计税金额或销售收入	税率或单位税额	已缴或扣除额	实缴税额									
					仟	百	拾	万	仟	百	拾	元	角	分
城建税		*2380.00*	*7%*							*1*	*6*	*6*	*6*	*0*
教育费附加		*2380.00*	*3%*								*7*	*1*	*4*	*0*
金额合计	(大写)※拾零万零仟贰佰叁拾捌元零角零分									¥*2*	*3*	*8*	*0*	*0*

上列款项已收妥并划转收款单位账户 国库(银行)盖章 2014 年 5 月 9 日	备注

（印章：中国工商银行长沙中山支行 专用章）

4-1

湖南增值税专用发票

（印章：全国统一发票监制章 国家税务总局监制）

抵扣联

43010204521　　　　　　　　　　№ 00215644

开票日期：2014 年 5 月 10 日

购货单位	名　　称：长沙骏景窗机厂 纳税人识别号：*430312330225643* 地 址、电 话：湖南长沙市中山路 26 号 0731—86666666 开户行及账号：工商行长沙中山支行 3220623907086787	密码区	5589—1<9—7—61596284 **加密版本：01** 8<032/52>9/29533—4974　43010204521 1626<8—3024>82906—2　002156441 —47—6<7>2*—/>*>6/

货物或应税劳务名称	规格型号	单位	数量	单价	金额	税率	税额
铝材		吨	1	*27180.00*	*27180.00*	17%	*4620.60*
钢管		吨	5	*4000.00*	*20000.00*		*3400.00*
合　计					¥**47180.00**		¥**8020.60**
价税合计(大写)	⊗**伍**万伍仟贰佰元零陆角整　（小写）¥*55200.60*						

销货单位	名　　称：株洲市金属材料公司 纳税人识别号：*430181110263034* 地 址、电 话：株洲市白云路 15 号 0731-25578963 开户行及账号：中国工商银行株洲白云支行 9226860123	备注	

收款人：王勇　复核：张立可　开票人：李明　销货单位：

（印章：株洲市金属材料公司 430181 10263034 发票专用章）

第二联：抵扣联 购货方抵扣凭证

国税函[2002]559号 海南华森实业公司

4-2

湖南增值税专用发票

发票联

43010204521　　№ 00215644

开票日期：2014 年 5 月 10 日

购货单位	名　　称：长沙骏景窗机厂 纳税人识别号：430312330225643 地 址、电 话：湖南长沙市中山路 26 号 0731—86666666 开户行及账号：工商行长沙中山支行 3220623907086787			密码区	5589—1<9—7—61596284 01 8<032/52>9/29533—4974 1626<8—3024>82906—2 —47—6<7>2*—/>*>6/	加密版本： 43010204521 002156441	
货物或应税劳务名称	规格型号	单位	数量	单价	金额	税率	税额
铝材		吨	1	27180.00	27180.00	17%	4620.60
钢管		吨	5	4000.00	20000.00		3400.00
合　计					47180.00		8020.60
价税合计(大写)	⊗伍万伍仟贰佰元零陆角整				（小写）¥55200.60		
销货单位	名　　称：株洲市金属材料公司 纳税人识别号：43018110263034 地 址、电 话：株洲市白云路 15 号 0731-25578963 开户行及账号：中国工商银行株洲白云支行 9226860123			备注			

收款人：王勇　　复核：张立可　　开票人：李明　　销货单位：(章)

第三联：发票联　购货方记账凭证

国税函[2002] 559号　海南华森实业公司

（印章：全国统一发票监制章 国家税务总局监制）

（印章：株洲市金属材料公司 430181 10263034 发票专用章）

4-3

中国工商银行
现金支票存根
BB:201406158798
附加信息

出票日期　2014 年 5 月 10 日

收款人：	株洲市金属材料公司
金　额：	55200.60
用　途：	采购材料

单位主管：王浩　　会计：赵刚

4-4

收料单

仓库名称：101

供货单位：株洲金属材料公司　　　　2014 年 5 月 10 日　　　　第 022 号

材料编码	材料名称	送验数量	实收数量	单位	实际单价	金额							
						十	万	千	百	十	元	角	分
	铝材	1	1	吨	27180		2	7	1	8	0	0	0
	钢管	5	5	吨	4000		2	0	0	0	0	0	0
合 计						¥	4	7	1	8	0	0	0

第二联：交会计部门

会计：赵刚　复核：李丽　验收：江云　保管：张军

5-1

领料单

领料部门：基本生产车间

领料用途：车间一般消耗领用　　　　2014 年 5 月 11 日　　　　第 20140501 号

材料编码	材料名称	单位	请领数量	实领数量	实际单价	金额							
						十	万	千	百	十	元	角	分
	油漆	桶	2	2									
附件：1 张				合 计									

第二联：交会计部门

仓库主管；张军　记账：赵刚　发料：张军　领料：王海

5-2

领料单

领料部门：基本生产车间

领料用途：生产 F4 型百叶窗　　　　2014 年 5 月 15 日　　　　第 20140502 号

材料编码	材料名称	单位	请领数量	实领数量	实际单价	金额							
						十	万	千	百	十	元	角	分
	钢管	吨	2	2									
	铝材	吨	1	1									
附件：1 张				合 计									

第二联：交会计部门

仓库主管；张军　记账：赵刚　发料：张军　领料：王海

5-3

领料单

领料部门：基本生产车间

领料用途：生产 F-HB 型风机 2014 年 5 月 17 日　第 201405003 号

材料编码	材料名称	单位	请领数量	实领数量	实际单价	金额							
						十	万	千	百	十	元	角	分
	钢管	吨	6	6									
	铝材	吨	2	2									
附件：1 张				合　计									

第二联：交会计部门

仓库主管：张军　记账：赵刚　发料：张军　领料：王海

6-1

湖南增值税专用发票

43000654785　此联不作报销、抵扣联用　No 00098504

（印章：全国统一发票监制章 湖南 国家税务总局监制）

开票日期 2014 年 5 月 18 日

购货单位	名称：湘潭电机厂 纳税人识别号：430320147789654 地址、电话：湘潭下摄司 0731-54367782 开户行及账号：工行岳塘支行 6689732567821			密码区	2489—1<9—7—61596284 8<032/52>9/29533—4974 1626<8—3024>82906—2 —47—6<7>2*—/>*>6		加密版本 43000654785 00098504
货物或应税劳务名称	计量单位	数量		单价	金额	税率	税额
F-HB 风机	台	20		12000.00	240000.00	17%	40800.00
合计					240000.00		40800.00
价税合计(大写)	贰拾捌万零捌佰元整		(小写)￥280800.00				
销货单位	名称：长沙骏景窗机厂 纳税人识别号：430312330225643 地址、电话：湖南长沙市中山路 26 号 0731—86666666 开户行及账号：工行长沙中山支行 3220623907086787			备注			

第一联：记账联 销货单位记账凭证

收款人　复核：郝建　开票人：赵刚　销货单位(章)

6-2

中国工商银行委托收款凭证(回单) 1

第 0880657 号

委托日期 2014 年 5 月 18 日

付款人	全 称	湘潭电机厂	收款人	全 称	长沙骏景窗机厂
	账 号	6689732567821		账 号	3220623907086787
	开户银行	工行湘潭市岳塘支行		开户银行	中国工商银行长沙中山支行

托收金额	人民币(大写) 贰拾捌万零捌佰元整	百	十	万	千	百	十	元	角	分
		¥	2	8	0	8	0	0	0	0

附件 3	商品发运情况	合同名称号码 20140526	
附 寄单证张数或册数	已发运		
备注:		款项收妥日期 年 月 日	收款人开户行(银行盖章)

工行长沙中山支行 2014.5.18

单位主管：王浩 会计：赵刚 复核：郝建 经办人：赵刚

7-1

长沙骏景窗机厂商品出库单

2014 年 5 月 18 日 第 019 号

产品编码	产品名称	单位	销售数量	单位成本	金额							
					十	万	千	百	十	元	角	分
	F-HB 风机	台	20									
收货人：湘潭电机厂 地址：湘潭市岳塘区下摄司 电话：0731-54367782												

第二联：交会计部门

仓库主管：张军 记账：赵刚 发料人：张军 经办人：雷小明

8-1

中国工商银行委托收款凭证(收账通知) 3 第 0880657 号

委托日期 2014 年 5 月 18 日

付款人	全 称	湘潭电机厂	收款人	全 称	长沙骏景窗机厂
	账 号	6689732567821		账 号	3220623907086787
	开户银行	工行湘潭市岳塘支行		开户银行	中国工商银行长沙中山支行

托收金额	人民币 (大写) 贰拾捌万零捌佰元整	百	十	万	千	百	十	元	角	分
		¥	2	8	0	8	0	0	0	0

附件	商品发运情况	合同名称号码
附 寄单证张数或册数	已发运	
备注：	款项收妥日期 2014 年 5 月 22 日	工行长沙中山支行 2014.05.18 收款人开户行(银行盖章)

单位主管：王浩 会计：赵刚 复核：郝建 记账：赵刚

9-1

职工薪酬分配及职工福利费计提表

2014 年 5 月 25 日 元

部门	人员类别	工 资	职工福利 (14%)	合 计
基本生产车间	生产工人	37700	5278	42978
	F4 百叶窗生产工人	18200	2548	20748
	F-HB 风机生产工人	19500	2730	22230
	管理人员	6400	896	7296
	小计	44100	6174	50274
企业管理部门	行政管理人员	14800	2072	16872
销售部门	销售人员	10250	1435	11685
合 计		69150	9681	78831

制单：赵刚 复核：王成

10-1

工资发放汇总表

2014年5月26日　　　　元

部门	基本工资	岗位工资	各种补贴	应付工资	代扣养老金	代扣所得税	实付工资
基本生产车间	23220	17420	3460	44100	4410	215	39475
其中：F4百叶窗生产工人工资	8800	7400	2000	18200	1820	145	16235
F-HB风机生产工人工资	9600	8600	1300	19500	1950	164	17386
车间管理人员工资	4820	1420	160	6400	640	52	5708
厂部管理人员	9860	4218	722	14800	1480	68	13252
销售部门	4320	2680	3250	10250	1025	41	9184
合计	37400	24318	7432	69150	6915	324	61911

制单：王英　　复核：赵刚　　审批：王浩

10-2

中国工商银行
现金支票存根
B B 201406158799

附加信息

出票日期　2014年5月26日

收款人：	本公司
金　额：	61911.00
用　途：	工资

单位主管：王浩　会计：赵刚

11-1

长沙市劳务(服务)收入发票

湘长字发

(2014) 3 号 №0001564

客户：长沙骏景窗机厂　2014 年 5 月 28 日

项目	规格	单位	数量	万	千	佰	十	元	角	分	备注
广告宣传费					1	0	0	0	0	0	同意报销 王浩
金额(大写)：壹仟元整				￥	1	0	0	0	0	0	

现金付讫

收款单位盖章(未盖章无效)　开票人：陈送　收款人：李丽

第二联：发票联

全国统一发票监制章 税务局监制

长沙市望远广告服务公司 财务专用章

12-1

固定资产折旧计算表

2014 年 5 月 31 日　元

使用单位和固定资产类别	上月计提折旧额	上月增加的固定资产应计提的折旧额	上月减少的固定资产应计提的折旧额	本月应计提的折旧额
车间厂房	3000			
车间机器设备	2300	500	100	
小计	5300	500	100	
企业管理部门房屋	4200			
合计	9500	500	100	

复核：郝建　制单：赵刚

13-1

制造费用分配表

2014 年 5 月 31 日　　　　元

产品	车间制造费用		
	分配标准(机器工时)	分配率	分配金额
F4 百叶窗	3473		
F-HB 风机	5000		
合 计	8473		

制单：赵刚　　　　复核：王成

14-1

完工产品成本计算单

2014 年 5 月 31 日　　　　元

成本项目	F4 百叶窗(完工 61 台)		F-HB 风机(完工 16 台)	
	总成本	单位成本	总成本	单位成本
直接材料				
直接人工				
制造费用				
合 计				

复核：郝建　　　　制单：赵刚

注意：单位成本若有小数，请保留两位小数并四舍五入。

14-2

产品入库单

交货单位：基本生产车间　　　　2014 年 5 月 31 日　　　　第 026 号

产品名称	单位	数量	单位成本	成本总额							
				十	万	千	百	十	元	角	分
F4 百叶窗	台	61									
F-HB 风机	台	16									
金 额 合 计											

送检员：邓小兵　检验员：罗霄　记账员：赵刚　保管员：张军

15-1　31 日，结转损益类账户余额。

资产负债表

会企 01 表

编制单位：　　　　　　　　　年　月　日　　　　　　　　　元

资　产	期末余额	年初余额	负债和所有者权益(或股东权益)	期末余额	年初余额
流动资产：			流动负债：		
货币资金		略	短期借款		略
交易性金融资产			交易性金融负债		
应收票据			应付票据		
应收账款			应付账款		
预付款项			预收款项		
应收利息			应付职工薪酬		
应收股利			应交税费		
其他应收款			应付利息		
存货			应付股利		
一年内到期的非流动资产			其他应付款		
其他流动资产			一年内到期的非流动负债		
流动资产合计			其他流动负债		
非流动资产：			流动负债合计		
可供出售金融资产			非流动负债：		
持有至到期投资			长期借款		
长期应收款			应付债券		
长期股权投资			长期应付款		
投资性房地产			专项应付款		
固定资产			预计负债		
在建工程			递延所得税负债		
工程物资			其他非流动负债		
固定资产清理			非流动负债合计		
生产性生物资产			负债合计		
油气资产			所有者权益(或股东权益)：		
无形资产			实收资本(或股本)		
开发支出			资本公积		
商誉			减：库存股		
长期待摊费用			盈余公积		
递延所得税资产			未分配利润		
其他非流动资产			所有者权益(或股东权益)合计		
非流动资产合计					
资产总计			负债及所有者权益(或股东权益)总计		

利润表　会企 02 表

编制单位：　　　　　　　　年　月　　　　　　　　元

项　目	本期金额	上期金额
一、营业收入		略
减：营业成本		
营业税金及附加		
销售费用		
管理费用		
财务费用		
资产减值损失		
加：公允价值变动收益(损失以“－”填列)		
投资收益(损失以“－”号填列)		
其中：对联营企业和合营企业的投资收益		
二、营业利润(亏损以“－”号填列)		
加：营业外收入		
减：营业外支出		
其中：非流动资产处置损失		
三、利润总额(亏损总额以“－”号填列)		
减：所得税费用		
四、净利润(净亏损以“－”号填列)		
五、每股收益		
(一)基本每股收益		
(二)稀释每股收益		

训练题 14

一、训练项目与任务

(一) 登记账簿

根据所给的湘潭大力五金厂的期初余额资料及 2014 年 12 月的记账凭证资料开设并登记“制造费用”总账及“制造费用”明细账户(月末要求结账)。

(二) 填写原始凭证

此题与前面给出的经济业务有关联。请你以制单员身份根据已有数据计算并填制好原始凭证。

(三) 编制记账凭证

根据做好的原始凭证填制记账凭证。

二、训练资料

(一) 企业基本情况

(1) 公司名称：北京市莱尔思服饰有限公司(简称莱尔思服饰)

(2) 性质：有限责任公司，增值税一般纳税人

(3) 纳税登记号：331502X18181818

(4) 地址及电话：北京东四环路 88 号，010-82825896

(5) 开户行及账号：北京市工商银行加兴路办事处，1005082838

(6) 主要产品：生产西装、衬衫两种产品

(7) 组织机构及主要责任人

组织机构及主要责任人

部 门	姓 名	职 务	部 门	姓 名	职 务
经理办公室	宋英航	总经理	生产车间	李 金	主 任
	李庆	秘 书		刘 丹	生产员
财务部	李一明	经 理	材料仓库	李 克	主 任
	赵 丽	主管会计		王福根	保管员
	王 飞	会 计	销售部	安小军	经 理
	孙 燕	出 纳			

(二) 2014 年 11 月末各总分类账户及所属明细账户余额

1. 各总分类账户余额

元

总分类科目	明细科目	余额	
		借 方	贷 方
库存现金		4 000.00	
银行存款		2 799 500.00	
应收账款		229 000.00	
	长城国际	138 000.00	
	金梭纺织	5 000.00	
	上海龙光	86 000.00	
坏账准备			687.00
库存商品		252 000.00	
	西 装	192 000.00	
	衬 衣	60 000.00	
原 材 料		749 000.00	
	毛呢料	500 000.00	
	棉布料	154 000.00	
	辅 料	95 000.00	
无形资产			
	商标权	72 000.00	
累计摊销			28 800.00
固定资产		1 830 000.00	
	生产车间(生产用)	1 030 000.00	
	管理部门(非生产用)	800 000.00	
累计折旧			220 000.00
	生产车间(生产用)		160 000.00
	管理部门(非生产用)		60 000.00
在建工程		211 000.00	
应付账款	赛尔公司		68 113.00
应付利息	预提利息		5 000.00
短期借款			500 000.00
应交税费			56 100.00
	增值税		50 000.00
	营业税		1 000.00
	城市维护建设税		3 570.00
	教育费附加		1 530.00
应付债券			211 000.00
实收资本			3 525 000.00
	雅衫集团		2 525 000.00
	云峰实业		1 000 000.00
资本公积			150 600.00
盈余公积			127 500.00
	法定盈余公积		70 000.00
	任意盈余公积		57 500.00
利润分配	未分配利润		207 600.00
本年利润	1-11 月		1 046 100.00
合 计		6 146 500.00	6 146 500.00

2．存货明细账资料

元

名　称	计量单位	数　量	单　价	金　额
原材料				
—毛呢布料	米	4 000	125	500 000
—纯棉布料	米	2 200	70	154 000
—辅料	套	2 375	40	95 000
库存商品				
—西装	套	400	480	192 000
—衬衫	件	250	240	60 000

(三) 2014 年 12 月发生经济业务的会计凭证

记账凭证

记 字 001 号　　　　2014 年 12 月 01 日　　　　附件 1 张

摘　要	会　计　科　目		借方金额										贷方金额										√
	总账科目	明细科目	千	百	十	万	千	百	十	元	角	分	千	百	十	万	千	百	十	元	角	分	
提取现	库存现金						2	0	0	0	0	0											
金备用	银行存款																2	0	0	0	0	0	
合　计　金　额						¥	2	0	0	0	0	0				¥	2	0	0	0	0	0	

主管：赵丽　　审核：李一明　　制单：王飞　　出纳：孙燕

记账凭证

记 字 002 号　　　　2014 年 12 月 03 日　　　　附件 2 张

摘　要	会　计　科　目		借方金额										贷方金额										√
	总账科目	明细科目	千	百	十	万	千	百	十	元	角	分	千	百	十	万	千	百	十	元	角	分	
向北京宏达	原材料	毛呢布料				5	0	3	5	8	0	0											
纺织购买原	原材料	纯棉布料				1	5	1	0	7	0	0											
材料	应交税费	应交增值税(进项税)				1	1	0	8	5	0	0											
	银行存款															7	6	5	5	0	0	0	
合　计　金　额					¥	7	6	5	5	0	0	0			¥	7	6	5	5	0	0	0	

主管：赵丽　　审核：李一明　　制单：王飞　　出纳：孙燕

记账凭证

记 字 003 号　　2014 年 12 月 06 日　　附件 1 张

摘要	会计科目		借方金额										贷方金额										√
	总账科目	明细科目	千	百	十	万	千	百	十	元	角	分	千	百	十	万	千	百	十	元	角	分	
收到上海龙	银行存款					8	6	0	0	0	0	0											
光贸易前欠	应收账款	上海龙光贸易														8	6	0	0	0	0	0	
货款																							
合计金额					￥	8	6	0	0	0	0	0			￥	8	6	0	0	0	0	0	

主管：赵丽　　审核：李一明　　制单：王飞　　出纳：孙燕

记账凭证

记 字 004 号　　2014 年 12 月 09 日　　附件 2 张

摘要	会计科目		借方金额										贷方金额										√
	总账科目	明细科目	千	百	十	万	千	百	十	元	角	分	千	百	十	万	千	百	十	元	角	分	
缴纳上税费	应交税费	未交增值税				5	0	0	0	0	0	0											
		应交营业税					1	0	0	0	0	0											
		应交城市维护建设税					3	5	7	0	0	0											
		应交教育费附加					1	5	3	0	0	0											
	银行存款															5	6	1	0	0	0	0	
合计金额					￥	5	6	1	0	0	0	0			￥	5	6	1	0	0	0	0	

主管：赵丽　　审核：李一明　　制单：王飞　　出纳：孙燕

记账凭证

记 字 005 号　　2014 年 12 月 13 日　　附件 2 张

摘要	会计科目		借方金额										贷方金额										√
	总账科目	明细科目	千	百	十	万	千	百	十	元	角	分	千	百	十	万	千	百	十	元	角	分	
向上海龙光	银行存款			1	4	4	4	9	5	0	0	0											
贸易有限公	主营业务收入	西装													9	6	0	0	0	0	0	0	
司销售产品	主营业务收入	衬衫													2	7	5	0	0	0	0	0	
	应交税费	应交增值税(销项税)													2	0	9	9	5	0	0	0	
合计金额			￥	1	4	4	4	9	5	0	0	0	￥	1	4	4	4	9	5	0	0	0	

主管：赵丽　　审核：李一明　　制单：王飞　　出纳：孙燕

记账凭证

记字 006 号　　　　2014 年 12 月 14 日　　　　附件 2 张

摘要	会计科目		借方金额										贷方金额										√
	总账科目	明细科目	千	百	十	万	千	百	十	元	角	分	千	百	十	万	千	百	十	元	角	分	
支付施林广	销售费用					2	0	0	0	0	0	0											
告公司广告	银行存款															2	0	0	0	0	0	0	
费																							
合计金额					¥	2	0	0	0	0	0	0			¥	2	0	0	0	0	0	0	

主管：赵丽　　审核：李一明　　制单：王飞　　出纳：孙燕

记账凭证

记字 007 号　　　　2014 年 12 月 16 日　　　　附件 1 张

摘要	会计科目		借方金额										贷方金额										√
	总账科目	明细科目	千	百	十	万	千	百	十	元	角	分	千	百	十	万	千	百	十	元	角	分	
收到北京英	银行存款					8	0	0	0	0	0	0											
航公司捐赠	营业外收入															8	0	0	0	0	0	0	
合计金额					¥	8	0	0	0	0	0	0			¥	8	0	0	0	0	0	0	

主管：赵丽　　审核：李一明　　制单：王飞　　出纳：孙燕

记账凭证

记字 008 号　　　　2014 年 12 月 19 日　　　　附件 1 张

摘要	会计科目		借方金额										贷方金额										√
	总账科目	明细科目	千	百	十	万	千	百	十	元	角	分	千	百	十	万	千	百	十	元	角	分	
销售部经理	其他应收款						1	0	0	0	0	0											
安小军预借	库存现金																1	0	0	0	0	0	
差旅费																							
合计金额						¥	1	0	0	0	0	0				¥	1	0	0	0	0	0	

主管：赵丽　　审核：李一明　　制单：王飞　　出纳：孙燕

记账凭证

记字 09 号　　　　2014 年 12 月 21 日　　　　附件 1 张

摘要	会计科目		借方金额										贷方金额										√
	总账科目	明细科目	千	百	十	万	千	百	十	元	角	分	千	百	十	万	千	百	十	元	角	分	
销售部安小军	销售费用							8	0	0	0	0											
报销差旅	库存现金							2	0	0	0	0											
费并退回现金	其他应收款																1	0	0	0	0	0	
合计金额							¥	1	0	0	0	0				¥	1	0	0	0	0	0	

主管：赵丽　　审核：李一明　　制单：王飞　　出纳：孙燕

三、根据原始凭证编制凭证

1．根据原始凭证编制凭证 10

领用材料汇总表

2013 年 12 月 31 日　　　　元

部门	材料名称	计量单位	加权平均单价成本	产品用料		金额		合计
				西装	衬衫	西装	衬衫	
生产车间	毛呢布料	米	119	3 000	1 000	357 000	119 000	476 000
	纯棉布料	米	58	1 000	400	58 000	23 200	81200
	辅料	套	30	1 300	600	39000	18 000	57 000
合计						454 000	160 200	614 200

会计主管：　　记账：　　制表：

2．根据原始凭证编制凭证 11

莱尔思服饰有限公司工资分配汇总表

2013 年 12 月 31 日　　　　元

车间、部门	分配金额
生产工人——西装	86768.00
生产工人——衬衫	34800.00
车间管理人员	14 000.00
行政管理人员	41 500.00
销售部人员工资	28 700.00
合计	189 000.00

会计主管：赵丽　　记账：　　制表：王飞

3．根据原始凭证编制凭证 12

制造费用分配表

2013 年 12 月 31 日　　元

分配对象	生产工人工资	分配率	分配金额
西装	86768	0.71	
衬衫	34800	0.29	
合　　计			

会计主管：赵丽　　记账：　　制表：王飞

4．根据原始凭证编制凭证 13

产品入库单

2013 年 12 月 31 日　　元

产品名称	计量单位	入库数量	单位成本	总成本
西装	套	1200		
衬衫	件	840		
合计	——	——	——	

会计主管：赵丽　　记账：　　制表：王飞

5．根据原始凭证编制凭证 15

产品销售成本计算表

2013 年 12 月 31 日　　元

产品名称	计量单位	销售数量	库存数量	平均单价	销售成本	库存成本
西装	套	1 200	1 600			
衬衫	件	550	1 090			
合 计						

6．结转损益编制凭证 16

训练题15

一、训练项目与任务

(一)账簿设置、登记及结账

根据2014年11月末账户余额及12月份记账凭证资料完成下列账户的设置，登账及结账工作：

(1) 银行存款日记账；

(2) 生产成本明细账；

(3) 应收账款——恒升商贸公司明细账；

(4) 应交税费——应交增值税明细账。

(二)填写原始凭证

以记账员王琳的身份填写增值税专用发票、支票、借支单，并以其他相关责任人的身份在相应位置签字。

(三)编制利润表

根据2014年12月末账户余额表，以会计主管何秋雯的身份编制2014年12月的利润表。

二、训练资料

(一)公司基本情况

湖南三寸莲公司是一家生产经营湘莲的制造企业，公司法定代表人为郝龙虎。公司位于湖南省湘潭市花石镇，联系电话为0731-54567700；纳税人识别号为430298393284344，开户行为中国农业银行，账号为6339430853534668079。公司是增值税一般纳税人，原料和产品的增值税税率均为17%。公司目前生产的产品主要有湘莲，会计核算采用记账凭证账务处理程序。

公司的会计主管是何秋雯，记账员是王琳，审核员是张宝艳，记账凭证制单员是王琳，出纳员是张迪。

(二) 2014 年 11 月 30 日有关账户的期末余额

元

总账科目	明细科目	计量单位	数量	单价	借方余额	贷方金额
库存现金					1250.00	
银行存款					750 000.00	
应收账款					730 000.00	
	恒升商贸公司				586 000.00	
	天天升集团				144 000.00	
坏账准备						30 000.00
预付账款					480 000.00	
	花石莲厂				530 000.00	
	盐埠莲厂					50 000.00
其他应收款					3000.00	
	李丽				3000.00	
原材料					1 800 000.00	
	干莲	公斤	90 000	20	1 800 000.00	
周转材料	包装箱	个	20 000	5.00	100 000.00	
生产成本					21 500.00	
	白莲				21 500.00	
库存商品					2 000 000.00	
	白莲	公斤	50 000	40	2 000 000.00	
固定资产					5 133 000.00	
累计折旧						1 084 000.00
预收账款	湖南天添贸易				34 000.00	
应付账款						370 000.00
	原野莲厂					253 000.00
	忘秋莲厂					117 000.00
应付职工薪酬						480 000.00
	工资					480 000.00
长期借款	偿还期是 2015 年 6 月					210 000.00
实收资本						4 000 000.00
资本公积						100 000.00
盈余公积						881 000.00
本年利润						3 168 850.00
利润分配						728 900.00
合计					11 102 750.00	11 102 750.00

（三）2014年12月经济业务的记账凭证

记 账 凭 证

2014年12月3日　　　　记字第1号

摘要	会计科目		借方金额										贷方金额										记账
	总账科目	明细科目	千	百	十	万	千	百	十	元	角	分	千	百	十	万	千	百	十	元	角	分	(签章)
提现备用	库存现金						3	0	0	0	0	0											
	银行存款																3	0	0	0	0	0	
合 计						￥	3	0	0	0	0	0				￥	3	0	0	0	0	0	

附件1张

会计主管：何秋雯　　出纳：张迪　　审核：张宝艳　　制单：王琳

记 账 凭 证

2014年12月3日　　　　记字第2号

摘要	会计科目		借方金额										贷方金额										记账
	总账科目	明细科目	千	百	十	万	千	百	十	元	角	分	千	百	十	万	千	百	十	元	角	分	(签章)
采购材料	原材料	干莲			7	1	0	0	0	0	0	0											
	应交税费	应交增值税(进)			1	2	0	7	0	0	0	0											
	应付账款	合家莲厂													8	3	0	7	0	0	0	0	
合 计				￥	8	3	0	7	0	0	0	0		￥	8	3	0	7	0	0	0	0	

附件2张

会计主管：何秋雯　　出纳：张迪　　审核：张宝艳　　制单：王琳

记 账 凭 证

2014年12月5日　　　　记字第3号

摘要	会计科目		借方金额										贷方金额										记账
	总账科目	明细科目	千	百	十	万	千	百	十	元	角	分	千	百	十	万	千	百	十	元	角	分	(签章)
发工资	应付职工薪酬	工资			4	8	0	0	0	0	0	0											
	银行存款														4	8	0	0	0	0	0	0	
合 计				￥	4	8	0	0	0	0	0	0		￥	4	8	0	0	0	0	0	0	

附件2张

会计主管：何秋雯　　出纳：张迪　　审核：张宝艳　　制单：王琳

记 账 凭 证

2014 年 12 月 8 日　　　　记 字第4号

摘要	会计科目		借方金额										贷方金额										记账
	总账科目	明细科目	千	百	十	万	千	百	十	元	角	分	千	百	十	万	千	百	十	元	角	分	(签章)
收到欠款	银行存款				5	8	6	0	0	0	0	0											
	应收账款	恒升商贸公司													5	8	6	0	0	0	0	0	
合计				￥	5	8	6	0	0	0	0	0		￥	5	8	6	0	0	0	0	0	

附件 1 张

会计主管：何秋雯　　出纳：张迪　　审核：张宝艳　　制单：王琳

记 账 凭 证

2014 年 12 月 10 日　　　　记 字第5号

摘要	会计科目		借方金额										贷方金额										记账
	总账科目	明细科目	千	百	十	万	千	百	十	元	角	分	千	百	十	万	千	百	十	元	角	分	(签章)
购买办公用	管理费用	办公费					3	0	0	0	0	0											
品	银行存款																3	0	0	0	0	0	
合　计						￥	3	0	0	0	0	0				￥	3	0	0	0	0	0	

附件 2 张

会计主管：何秋雯　　出纳：张迪　　审核：张宝艳　　制单：王琳

记 账 凭 证

2014 年 12 月 12 日　　　　记 字 6 号

摘要	会计科目		借方金额										贷方金额										记账
	总账科目	明细科目	千	百	十	万	千	百	十	元	角	分	千	百	十	万	千	百	十	元	角	分	(签章)
销售商品	应收账款	恒升商贸公司		4	5	6	3	0	0	0	0	0											
	主营业务收入													3	9	0	0	0	0	0	0	0	
	应交税费	应交增值税(销)													6	6	3	0	0	0	0	0	
合　计			￥	4	5	6	3	0	0	0	0	0	￥	4	5	6	3	0	0	0	0	0	

附件 2 张

会计主管：何秋雯　　出纳：　　审核：张宝艳　　制单：王琳

记 账 凭 证

2014 年 12 月 19 日　　　　记 字第7号

摘要	会计科目		借方金额										贷方金额										记账
	总账科目	明细科目	千	百	十	万	千	百	十	元	角	分	千	百	十	万	千	百	十	元	角	分	(签章)
报销费用	库存现金							1	2	0	0	0											
	管理费用	差旅费					2	8	8	0	0	0											
	其他应收款	李丽															3	0	0	0	0	0	
合　计						¥	3	0	0	0	0	0				¥	3	0	0	0	0	0	

附件2张

会计主管：何秋雯　　出纳：张迪　　审核：张宝艳　　制单：王琳

记 账 凭 证

2014 年 12 月 26 日　　　　记 字第8号

摘要	会计科目		借方金额										贷方金额										记账
	总账科目	明细科目	千	百	十	万	千	百	十	元	角	分	千	百	十	万	千	百	十	元	角	分	(签章)
计提折旧	制造费用	折旧费				7	6	0	0	0	0	0											
	管理费用	折旧费			1	0	9	0	0	0	0	0											
	销售费用	折旧费				9	1	0	0	0	0	0											
	累计折旧														2	7	6	0	0	0	0	0	
合　计				¥	2	7	6	0	0	0	0	0		¥	2	7	6	0	0	0	0	0	

附件1张

会计主管：何秋雯　　出纳：张迪　　审核：张宝艳　　制单：王琳

记 账 凭 证

2014 年 12 月 31 日　　　　记 字第9号

摘要	会计科目		借方金额										贷方金额										记账
	总账科目	明细科目	千	百	十	万	千	百	十	元	角	分	千	百	十	万	千	百	十	元	角	分	(签章)
分配工资	生产成本	白莲			1	0	0	0	0	0	0	0											
	制造费用					2	0	0	0	0	0	0											
	管理费用	工资费			1	4	0	0	0	0	0	0											
	销售费用				2	8	0	0	0	0	0	0											
	应付职工薪酬														5	4	0	0	0	0	0	0	
合　计				¥	5	4	0	0	0	0	0	0		¥	5	4	0	0	0	0	0	0	

附件1张

会计主管：何秋雯　　出纳：张迪　　审核：张宝艳　　制单：王琳

记 账 凭 证

2014 年 12 月 31 日　　　　记 字第 10 号

摘要	会计科目		借方金额										贷方金额										记账(签章)
	总账科目	明细科目	千	百	十	万	千	百	十	元	角	分	千	百	十	万	千	百	十	元	角	分	
领用材料	生产成本	白莲		2	0	6	7	0	0	0	0	0											
	原材料	干莲												2	0	6	7	0	0	0	0	0	
合　计			¥	2	0	6	7	0	0	0	0	0	¥	2	0	6	7	0	0	0	0	0	

附件 2 张

会计主管：何秋雯　　出纳：　　审核：张宝艳　　制单：王琳

记 账 凭 证

2014 年 12 月 31 日　　　　记 字第 11 号

摘要	会计科目		借方金额										贷方金额										记账(签章)
	总账科目	明细科目	千	百	十	万	千	百	十	元	角	分	千	百	十	万	千	百	十	元	角	分	
分配制造	生产成本	白莲				9	6	0	0	0	0	0											
费用	制造费用															9	6	0	0	0	0	0	
合　计					¥	9	6	0	0	0	0	0			¥	9	6	0	0	0	0	0	

附件 1 张

会计主管：何秋雯　　出纳：　　审核：张宝艳　　制单：王琳

记 账 凭 证

2014 年 12 月 31 日　　　　记 字第 12 号

摘要	会计科目		借方金额										贷方金额										记账(签章)
	总账科目	明细科目	千	百	十	万	千	百	十	元	角	分	千	百	十	万	千	百	十	元	角	分	
完工产品	库存商品	白莲		2	2	6	3	0	0	0	0	0											
	生产成本	白莲												2	2	6	3	0	0	0	0	0	
合　计			¥	2	2	6	3	0	0	0	0	0	¥	2	2	6	3	0	0	0	0	0	

附件 2 张

会计主管：何秋雯　　出纳：　　审核：张宝艳　　制单：王琳

记 账 凭 证

2014 年 12 月 31 日　　　　记 字第13号

摘要	会计科目		借方金额										贷方金额										记账（签章）
	总账科目	明细科目	千	百	十	万	千	百	十	元	角	分	千	百	十	万	千	百	十	元	角	分	
结转产品销售成本	主营业务成本			2	3	0	5	0	0	0	0	0											
	库存商品	白莲												2	3	0	5	0	0	0	0	0	
合　计			¥	2	3	0	5	0	0	0	0	0	¥	2	3	0	5	0	0	0	0	0	

附件 2 张

会计主管：何秋雯　　出纳：　　审核：张宝艳　　制单：王琳

记 账 凭 证

2014 年 12 月 31 日　　　　记 字第14号

摘要	会计科目		借方金额										贷方金额										记账（签章）
	总账科目	明细科目	千	百	十	万	千	百	十	元	角	分	千	百	十	万	千	百	十	元	角	分	
结转损益	主营业务收入			3	9	0	0	0	0	0	0	0											
	本年利润													3	9	0	0	0	0	0	0	0	
合　计			¥	3	9	0	0	0	0	0	0	0	¥	3	9	0	0	0	0	0	0	0	

附件 0 张

会计主管：何秋雯　　出纳：　　审核：张宝艳　　制单：王琳

记 账 凭 证

2014 年 12 月 31 日　　　　记 字第15号

摘要	会计科目		借方金额										贷方金额										记账（签章）
	总账科目	明细科目	千	百	十	万	千	百	十	元	角	分	千	百	十	万	千	百	十	元	角	分	
结转损益	本年利润			2	9	3	0	8	8	0	0	0											
	主营业务成本													2	3	0	5	0	0	0	0	0	
	销售费用														3	7	1	0	0	0	0	0	
	管理费用														2	5	4	8	8	0	0	0	
合　计			¥	2	9	3	0	8	8	0	0	0	¥	2	9	3	0	8	8	0	0	0	

附件 0 张

会计主管：何秋雯　　出纳：　　审核：张宝艳　　制单：王琳

(四) 原始凭证资料

(1) 财务部何秋雯借支 1000 元现金。

借支单

年 月 日

工作部门		职务		姓名	
借支金额					
借款事由			附证件		
归还日期					
核批					

会计： 出纳： 借款人：

(2) 以 130 元每公斤的单价向恒升商贸公司出售 30000 公斤白莲，该公司具体信息如下：

企业名称	恒升商贸公司
单位地址	长沙市五一西路 588 号
联系电话	0731-88634544
开户行及账号	中国建设银行五一支行 9056230589477881234
纳税人登记号	430451555634577

湖南增值税专用发票

4301092331 发 票 联 **№ 09016323**

开票日期：2014 年 1 月 15 日

购货单位	名称： 纳税人识别号： 地址、电话： 开户行及账号：					密码区		
货物或应税劳务名称		规格型号	单位	数量	单价	金额	税率	税额
							17% 17%	
合计						¥		¥
价税合计(大写)		(小写)¥						
销货单位	名称： 纳税人识别号： 地址、电话： 开户行及账号：					备注		

收款人： 复核： 开票人： 销货单位(章)

第三联 发票联 购货方记账凭证

(3) 提现3000元备用。

中国农业银行现金支票(湘)VI II 01517209

中国农业银行
现金支票存根
(湘)
VI II 01517209
附加信息

出票日期
年 月 日
收款人：
金额：
用途：
单位主管
会计

本支票付款期十天

出票日期(大写) 年 月 日 付款行名称：
收款人： 出票人账号：

人民币
(大写)

千	百	十	万	千	百	十	元	角	分

用途：
上列款项请从
我账户内支付
出票人签章

郝龙虎印

科目(借)
对方科目(贷)
付讫日期 年 月 日
出纳 复核 记账

训练题 16

一、训练项目与任务

(一) 编制科目汇总表

编制 2014 年 12 月科目汇总表。

(二) 填写总账

根据科目汇总表填制原材料——干莲总账及制造费用总账。

(三) 编制报表

根据 2014 年 12 月末账户余额，以会计主管何秋雯的身份编制 2014 年 12 月的资产负债表、利润表。

二、训练资料

(一) 公司的基本情况

湖南三寸莲公司是一家生产经营湘莲的制造企业，公司法定代表人为郝龙虎，单位地址：湖南省湘潭市花石镇，公司电话：0731-54567700。公司的纳税人识别号：430298393284344，开户行：中国农业银行，账号：6339430853534668079。公司是增值税一般纳税人，原料和产品的增值税税率均为 17%，公司目前生产的产品主要有湘莲。该公司的会计核算采用记账凭证账务处理程序。

公司的会计主管是何秋雯，记账员是王琳，审核员是张宝艳，记账凭证制单员是王琳，出纳员是张迪。

(二)2014年11月三寸莲公司有关账户的期末余额

元

总账科目	明细科目	计量单位	数量	单价	借方余额	贷方金额
库存现金					1250.00	
银行存款					750 000.00	
应收账款					730 000.00	
	恒升商贸公司				586 000.00	
	天天升集团				144 000.00	
坏账准备						30 000.00
预付账款					480 000.00	
	花石莲厂				530 000.00	
	盐埠莲厂					50 000.00
其他应收款					3000.00	
	李丽				3000.00	
原材料					1 800 000.00	
	干莲	公斤	90 000	20	1 800 000.00	
周转材料	包装箱	个	20 000	5.00	100 000.00	
生产成本					21 500.00	
	白莲				21 500.00	
库存商品					2 000 000.00	
	白莲	公斤	50 000	40	2 000 000.00	
固定资产					5 133 000.00	
累计折旧						1 084 000.00
预收账款	湖南天添贸易				34 000.00	
应付账款						370 000.00
	原野莲厂					253 000.00
	忘秋莲厂					117 000.00
应付职工薪酬						480 000.00
	工资					480 000.00
长期借款	偿还期是2015年6月					210 000.00
实收资本						4 000 000.00
资本公积						100 000.00
盈余公积						881 000.00
本年利润						3 168 850.00
利润分配						728 900.00
合计					11 102 750.00	11 102 750.00

(三) 2014 年 12 月三寸莲公司的记账凭证

记 账 凭 证

2014 年 12 月 3 日　　　　记 字第1号

摘要	会计科目		借方金额										贷方金额										记账(签章)
	总账科目	明细科目	千	百	十	万	千	百	十	元	角	分	千	百	十	万	千	百	十	元	角	分	
提现备用	库存现金						3	0	0	0	0	0											
	银行存款																3	0	0	0	0	0	
合计						¥	3	0	0	0	0	0				¥	3	0	0	0	0	0	

附件 1 张

会计主管：何秋雯　　出纳：张迪　　审核：张宝艳　　制单：王琳

记 账 凭 证

2014 年 12 月 3 日　　　　记 字第2号

	会计科目		借方金额										贷方金额										记账
	总账科目	明细科目	千	百	十	万	千	百	十	元	角	分	千	百	十	万	千	百	十	元	角	分	(签章)
采购材料	原材料	干莲			7	1	0	0	0	0	0	0											
	应交税费	应交增值税(进)			1	2	0	7	0	0	0	0											
	应付账款	合家莲厂													8	3	0	7	0	0	0	0	
合计				¥	8	3	0	7	0	0	0	0		¥	8	3	0	7	0	0	0	0	

附件 2 张

会计主管：何秋雯　　出纳：　　审核：张宝艳　　制单：王琳

记 账 凭 证

2014 年 12 月 5 日　　　　记 字 3 号

摘要	会计科目		借方金额										贷方金额										记账(签章)
	总账科目	明细科目	千	百	十	万	千	百	十	元	角	分	千	百	十	万	千	百	十	元	角	分	
发工资	应付职工薪酬	工资			4	8	0	0	0	0	0	0											
	银行存款														4	8	0	0	0	0	0	0	
合计				¥	4	8	0	0	0	0	0	0		¥	4	8	0	0	0	0	0	0	

附件 2 张

会计主管：何秋雯　　出纳：张迪　　审核：张宝艳　　制单：王琳

记 账 凭 证

2014 年 12 月 8 日　　　　记　字 4 号

摘要	会计科目		借方金额										贷方金额										记账
	总账科目	明细科目	千	百	十	万	千	百	十	元	角	分	千	百	十	万	千	百	十	元	角	分	(签章)
收到欠款	银行存款				5	8	6	0	0	0	0	0											
	应收账款	恒升商贸公司													5	8	6	0	0	0	0	0	
合　计				￥	5	8	6	0	0	0	0	0		￥	5	8	6	0	0	0	0	0	

附件 1 张

会计主管：何秋雯　　出纳：张迪　　审核：张宝艳　　制单：王琳

记 账 凭 证

2014 年 12 月 10 日　　　　记　字第 5 号

摘要	会计科目		借方金额										贷方金额										记账
	总账科目	明细科目	千	百	十	万	千	百	十	元	角	分	千	百	十	万	千	百	十	元	角	分	(签章)
购买办公用	管理费用	办公费					3	0	0	0	0	0											
品	银行存款																3	0	0	0	0	0	
合　计						￥	3	0	0	0	0	0				￥	3	0	0	0	0	0	

附件 2 张

会计主管：何秋雯　　出纳：张迪　　审核：张宝艳　　制单：王琳

记 账 凭 证

2014 年 12 月 12 日　　　　记 字第 6 号

摘要	会计科目		借方金额										贷方金额										记账
	总账科目	明细科目	千	百	十	万	千	百	十	元	角	分	千	百	十	万	千	百	十	元	角	分	(签章)
销售商品	应收账款	恒升商贸公司		4	5	6	3	0	0	0	0	0											
	主营业务收入													3	9	0	0	0	0	0	0	0	
	应交税费	应交增值税(销)													6	6	3	0	0	0	0	0	
合　计			￥	4	5	6	3	0	0	0	0	0	￥	4	5	6	3	0	0	0	0	0	

附件 2 张

会计主管：何秋雯　　出纳：　　审核：张宝艳　　制单：王琳

记 账 凭 证

2014 年 12 月 19 日　　　　　　　　　　记 字第7号

摘要	会计科目		借方金额										贷方金额										记账
	总账科目	明细科目	千	百	十	万	千	百	十	元	角	分	千	百	十	万	千	百	十	元	角	分	(签章)
报销费用	库存现金							1	2	0	0	0											
	管理费用	差旅费					2	8	8	0	0	0											
	其他应收款	李丽															3	0	0	0	0	0	
合 计						¥	3	0	0	0	0	0				¥	3	0	0	0	0	0	

附件 2 张

会计主管：何秋雯　　出纳：张迪　　审核：张宝艳　　制单：王琳

记 账 凭 证

2014 年 12 月 26 日　　　　　　　　　　记 字第8号

摘要	会计科目		借方金额										贷方金额										记账
	总账科目	明细科目	千	百	十	万	千	百	十	元	角	分	千	百	十	万	千	百	十	元	角	分	(签章)
计提折旧	制造费用	折旧费				7	6	0	0	0	0	0											
	管理费用	折旧费			1	0	9	0	0	0	0	0											
	销售费用	折旧费				9	1	0	0	0	0	0											
	累计折旧														2	7	6	0	0	0	0	0	
合 计				¥	2	7	6	0	0	0	0	0		¥	2	7	6	0	0	0	0	0	

附件 1 张

会计主管：何秋雯　　出纳：　　审核：张宝艳　　制单：王琳

记 账 凭 证

2014 年 12 月 31 日　　　　　　　　　　记 字第9号

摘要	会计科目		借方金额										贷方金额										记账
	总账科目	明细科目	千	百	十	万	千	百	十	元	角	分	千	百	十	万	千	百	十	元	角	分	(签章)
分配工资	生产成本	白莲			1	0	0	0	0	0	0	0											
	制造费用					2	0	0	0	0	0	0											
	管理费用	工资费			1	4	0	0	0	0	0	0											
	销售费用				2	8	0	0	0	0	0	0											
	应付职工薪酬														5	4	0	0	0	0	0	0	
合 计				¥	5	4	0	0	0	0	0	0		¥	5	4	0	0	0	0	0	0	

附件 1 张

会计主管：何秋雯　　出纳：　　审核：张宝艳　　制单：王琳

记 账 凭 证

2014 年 12 月 31 日　　　　记 字第10号

摘要	会计科目		借方金额										贷方金额										记账(签章)
	总账科目	明细科目	千	百	十	万	千	百	十	元	角	分	千	百	十	万	千	百	十	元	角	分	
领用材料	生产成本	白莲		2	0	6	7	0	0	0	0	0											
	原材料	干莲												2	0	6	7	0	0	0	0	0	
合 计			￥	2	0	6	7	0	0	0	0	0	￥	2	0	6	7	0	0	0	0	0	

附件2张

会计主管：何秋雯　　出纳：　　审核：张宝艳　　制单：王琳

记 账 凭 证

2014 年 12 月 31 日　　　　记 字第11号

摘要	会计科目		借方金额										贷方金额										记账(签章)
	总账科目	明细科目	千	百	十	万	千	百	十	元	角	分	千	百	十	万	千	百	十	元	角	分	
分配制造	生产成本	白莲				9	6	0	0	0	0	0											
费用	制造费用															9	6	0	0	0	0	0	
合 计					￥	9	6	0	0	0	0	0			￥	9	6	0	0	0	0	0	

附件1张

会计主管：何秋雯　　出纳：　　审核：张宝艳　　制单：王琳

记 账 凭 证

2014 年 12 月 31 日　　　　记 字第12号

摘要	会计科目		借方金额										贷方金额										记账(签章)
	总账科目	明细科目	千	百	十	万	千	百	十	元	角	分	千	百	十	万	千	百	十	元	角	分	
完工产品	库存商品	白莲		2	2	6	3	0	0	0	0	0											
	生产成本	白莲												2	2	6	3	0	0	0	0	0	
合 计			￥	2	2	6	3	0	0	0	0	0	￥	2	2	6	3	0	0	0	0	0	

附件2张

会计主管：何秋雯　　出纳：　　审核：张宝艳　　制单：王琳

记 账 凭 证

2014 年 12 月 31 日　　　　　　　　　　　　记 字第13号

摘要	会计科目		借方金额										贷方金额										记账
	总账科目	明细科目	千	百	十	万	千	百	十	元	角	分	千	百	十	万	千	百	十	元	角	分	(签章)
结转产品	主营业务成本			2	3	0	5	0	0	0	0	0											
销售成本	库存商品	白莲												2	3	0	5	0	0	0	0	0	
合　计			¥	2	3	0	5	0	0	0	0	0	¥	2	3	0	5	0	0	0	0	0	

附件 2 张

会计主管：何秋雯　　出纳：　　审核：张宝艳　　制单：王琳

记 账 凭 证

2014 年 12 月 31 日　　　　　　　　　　　　记 字第14号

摘要	会计科目		借方金额										贷方金额										记账
	总账科目	明细科目	千	百	十	万	千	百	十	元	角	分	千	百	十	万	千	百	十	元	角	分	(签章)
结转损益	主营业务收入			3	9	0	0	0	0	0	0	0											
	本年利润													3	9	0	0	0	0	0	0	0	
合　计			¥	3	9	0	0	0	0	0	0	0	¥	3	9	0	0	0	0	0	0	0	

附件 0 张

会计主管：何秋雯　　出纳：　　审核：张宝艳　　制单：王琳

记 账 凭 证

2014 年 12 月 31 日　　　　　　　　　　　　记 字第15号

摘要	会计科目		借方金额										贷方金额										记账
	总账科目	明细科目	千	百	十	万	千	百	十	元	角	分	千	百	十	万	千	百	十	元	角	分	(签章)
结转损益	本年利润			2	9	3	0	8	8	0	0	0											
	主营业务成本													2	3	0	5	0	0	0	0	0	
	销售费用														3	7	1	0	0	0	0	0	
	管理费用														2	5	4	8	8	0	0	0	
合　计			¥	2	9	3	0	8	8	0	0	0	¥	2	9	3	0	8	8	0	0	0	

附件 0 张

会计主管：何秋雯　　出纳：　　审核：张宝艳　　制单：王琳

训练题17

一、训练项目及要求

(一) 登记下列日记账

根据给定的期初余额和记账凭证开设并登记账户。设置账簿时，若必要在摘要栏写明“上月结转”：“银行存款”日记账，要求结账。

(二) 编制科目汇总表

根据给定的记账凭证，以制单员的身份编制科目汇总表。

(三) 登记总账

开设“应交税费”总账，根据科目汇总表登记，要求结账。

(四) 编制资产负债表

编制2014年12月31日资产负债表。

二、训练有关材料

(一) 企业基本情况

(1) 公司名称：北京市莱尔思服饰有限公司(简称莱尔思服饰)

(2) 性质：有限责任公司，增值税一般纳税人

(3) 纳税登记号：331502X18181818

(4) 地址及电话：北京东四环路88号，010-82825896

(5) 开户行及账号：北京市工商银行加兴路办事处1005082838

(6) 主要产品：生产西装、衬衫两种产品

(7) 组织机构及主要责任人

组织机构及主要责任人

部门	姓名	职务	部门	姓名	职务
经理办公室	宋英航	总经理	生产车间	李金	主任
	李庆	秘书		刘丹	生产员
财务部	李一明	经理	材料仓库	李克	主任
	赵丽	主管会计		王福根	保管员
	王飞	会计	销售部	安小军	经理
	孙燕	出纳			

（二）2014 年 11 月末各总分类账户及所属明细账户余额

1. 各总分类账户余额

元

总分类科目	明细科目	余额	
		借方	贷方
库存现金		4 000.00	
银行存款		2 799 500.00	
应收账款		229 000.00	
	长城国际	138 000.00	
	金梭纺织	5 000.00	
	上海龙光	86 000.00	
坏账准备			687.00
库存商品		252 000.00	
	西 装	192 000.00	
	衬 衣	60 000.00	
原 材 料		749 000.00	
	毛呢料	500 000.00	
	棉布料	154 000.00	
	辅 料	95 000.00	
无形资产			
	商标权	72 000.00	
累计摊销			28 800.00
固定资产		1 830 000.00	
	生产车间(生产用)	1 030 000.00	
	管理部门(非生产用)	800 000.00	
累计折旧			220 000.00
	生产车间(生产用)		160 000.00
	管理部门(非生产用)		60 000.00
在建工程		211 000.00	
应付账款	赛尔公司		68 113.00
应付利息	预提利息		5 000.00
短期借款			500 000.00
应交税费			56 100.00
	增值税		50 000.00
	营业税		1 000.00
	城市维护建设税		3 570.00
	教育费附加		1 530.00
应付债券			211 000.00
实收资本			3 525 000.00
	雅衫集团		2 525 000.00
	云峰实业		1 000 000.00
资本公积			150 600.00
盈余公积			127 500.00
	法定盈余公积		70 000.00
	任意盈余公积		57 500.00
利润分配	未分配利润		207 600.00
本年利润	1～11 月		1 046 100.00
合 计		6 146 500.00	6 146 500.00

2. 存货明细账资料

元

名 称	计量单位	数 量	单 价	金 额
原材料				
—毛呢布料	米	4 000	125	500 000
—纯棉布料	米	2 200	70	154 000
—辅料	套	2 375	40	95 000
库存商品				
—西装	套	400	480	192 000
—衬衫	件	250	240	60 000

（三）2014 年 12 月份所发生经济业务的原始凭证

记 账 凭 证

记 字 001 号　　2014 年 12 月 01 日　　附件 1 张

摘 要	会 计 科 目		借方金额										贷方金额										✓
	总账科目	明细科目	千	百	十	万	千	百	十	元	角	分	千	百	十	万	千	百	十	元	角	分	
提取现金备用	库存现金						2	0	0	0	0	0											
	银行存款																2	0	0	0	0	0	
合 计 金 额						¥	2	0	0	0	0	0				¥	2	0	0	0	0	0	

主管：赵丽　　审核：李一明　　制单：王飞　　出纳：孙燕

记 账 凭 证

记 字 002 号　　2014 年 12 月 03 日　　附件 2 张

摘 要	会 计 科 目		借方金额										贷方金额										✓
	总账科目	明细科目	千	百	十	万	千	百	十	元	角	分	千	百	十	万	千	百	十	元	角	分	
向北京宏达纺织购买原材料	原材料	毛呢布料				5	0	3	5	8	0	0											
	原材料	纯棉布料				1	5	1	0	7	0	0											
	应交税费	应交增值税（进项税）				1	1	0	8	5	0	0											
	银行存款															7	6	5	5	0	0	0	
合 计 金 额					¥	7	6	5	5	0	0	0			¥	7	6	5	5	0	0	0	

主管：赵丽　　审核：李一明　　制单：王飞　　出纳：孙燕

记 账 凭 证

记 字 003 号　　2014 年 12 月 06 日　　附件 1 张

摘要	会计科目		借方金额										贷方金额										✓
	总账科目	明细科目	千	百	十	万	千	百	十	元	角	分	千	百	十	万	千	百	十	元	角	分	
收到上海龙光贸易前欠货款	银行存款					8	6	0	0	0	0	0											
	应收账款	上海龙光贸易														8	6	0	0	0	0	0	
合计金额					¥	8	6	0	0	0	0	0			¥	8	6	0	0	0	0	0	

主管：赵丽　　审核：李一明　　制单：王飞　　出纳：孙燕

记 账 凭 证

记 字 004 号　　2014 年 12 月 09 日　　附件 2 张

摘要	会计科目		借方金额										贷方金额										✓
	总账科目	明细科目	千	百	十	万	千	百	十	元	角	分	千	百	十	万	千	百	十	元	角	分	
缴纳上月税费	应交税费	未交增值税				5	0	0	0	0	0	0											
		应交营业税					1	0	0	0	0	0											
		应交城市维护建设税					3	5	7	0	0	0											
		应交教育费附加					1	5	3	0	0	0											
	银行存款															5	6	1	0	0	0	0	
合计金额					¥	5	6	1	0	0	0	0			¥	5	6	1	0	0	0	0	

主管：赵丽　　审核：李一明　　制单：王飞　　出纳：孙燕

记 账 凭 证

记 字 005 号　　2014 年 12 月 13 日　　附件 2 张

摘要	会计科目		借方金额										贷方金额										✓
	总账科目	明细科目	千	百	十	万	千	百	十	元	角	分	千	百	十	万	千	百	十	元	角	分	
向上海光贸易有公司销售产品	银行存款			1	4	4	4	9	5	0	0	0											
	主营业务收入	西装													9	6	0	0	0	0	0	0	
	主营业务收入	衬衫													2	7	5	0	0	0	0	0	
	应交税费	应交增值税（销项税）													2	0	9	9	5	0	0	0	
合计金额			¥	1	4	4	4	9	5	0	0	0	¥	1	4	4	4	9	5	0	0	0	

主管：赵丽　　审核：李一明　　制单：王飞　　出纳：孙燕

记账凭证

记 字 006 号　　2014 年 12 月 14 日　　附件 2 张

摘要	会计科目		借方金额										贷方金额										✓
	总账科目	明细科目	千	百	十	万	千	百	十	元	角	分	千	百	十	万	千	百	十	元	角	分	
支付广告公司广告费	销售费用					2	0	0	0	0	0	0											
	银行存款															2	0	0	0	0	0	0	
合计金额					¥	2	0	0	0	0	0	0			¥	2	0	0	0	0	0	0	

主管：赵丽　　审核：李一明　　制单：王飞　　出纳：孙燕

记账凭证

记 字 007 号　　2014 年 12 月 16 日　　附件 1 张

摘要	会计科目		借方金额										贷方金额										✓
	总账科目	明细科目	千	百	十	万	千	百	十	元	角	分	千	百	十	万	千	百	十	元	角	分	
收到北京英	银行存款					8	0	0	0	0	0	0											
航公司捐赠	营业外收入															8	0	0	0	0	0	0	
合计金额					¥	8	0	0	0	0	0	0			¥	8	0	0	0	0	0	0	

主管：赵丽　　审核：李一明　　制单：王飞　　出纳：孙燕

记账凭证

记 字 008 号　　2014 年 12 月 19 日　　附件 1 张

摘要	会计科目		借方金额										贷方金额										✓
	总账科目	明细科目	千	百	十	万	千	百	十	元	角	分	千	百	十	万	千	百	十	元	角	分	
销售部经理安小军预借差旅费	其他应收款						1	0	0	0	0	0											
	库存现金																1	0	0	0	0	0	
合计金额						¥	1	0	0	0	0	0				¥	1	0	0	0	0	0	

主管：赵丽　　审核：李一明　　制单：王飞　　出纳：孙燕

记账凭证

记 字 09 号　　2014年12月21日　　附件 1 张

摘要	会计科目		借方金额										贷方金额										✓
	总账科目	明细科目	千	百	十	万	千	百	十	元	角	分	千	百	十	万	千	百	十	元	角	分	
销售部安小军报销差旅费并退回现金	销售费用							8	0	0	0	0											
	库存现金							2	0	0	0	0											
	其他应收款																1	0	0	0	0	0	
合计金额							¥	1	0	0	0	0				¥	1	0	0	0	0	0	

主管：赵丽　　审核：李一明　　制单：王飞　　出纳：孙燕

记账凭证

记 字 010 号　　2014年12月31日　　附件 1 张

摘要	会计科目		借方金额										贷方金额										✓
	总账科目	明细科目	千	百	十	万	千	百	十	元	角	分	千	百	十	万	千	百	十	元	角	分	
结转本月发出材料成本	生产成本	西装			4	5	4	0	0	0	0	0											
		衬衫			1	6	0	2	0	0	0	0											
	原材料	毛呢													4	7	6	0	0	0	0	0	
		纯棉														8	1	2	0	0	0	0	
		铺料														5	7	0	0	0	0	0	
合计金额				¥	6	1	4	2	0	0	0	0		¥	6	1	4	2	0	0	0	0	

主管：赵丽　　审核：李一明　　制单：王飞　　出纳：孙燕

记账凭证

记 字 011 号　　2014年12月31日　　附件 1 张

摘要	会计科目		借方金额										贷方金额										✓
	总账科目	明细科目	千	百	十	万	千	百	十	元	角	分	千	百	十	万	千	百	十	元	角	分	
计提本月工资费用	生产成本	西装				7	4	8	0	0	0	0											
		衬衫				3	0	0	0	0	0	0											
	制造费用					5	7	7	5	0	0	0											
	管理费用					4	1	5	0	0	0	0											
	销售费用					2	8	7	0	0	0	0											
	应付职工薪酬	工资													1	8	9	0	0	0	0	0	
合计金额				¥	2	3	2	7	5	0	0	0		¥	2	3	2	7	5	0	0	0	

主管：赵丽　　审核：李一明　　制单：王飞　　出纳：孙燕

记 账 凭 证

记 字012 号　　2014 年 12 月 31 日　　附件 1 张

摘要	会计科目		借方金额										贷方金额										√
	总账科目	明细科目	千	百	十	万	千	百	十	元	角	分	千	百	十	万	千	百	十	元	角	分	
制造费用分配	生产成本	西装				4	1	0	0	2	5	0											
		衬衫				1	6	7	4	7	5	0											
	制造费用															5	7	7	5	0	0	0	
合计金额					¥	5	7	7	5	0	0	0			¥	5	7	7	5	0	0	0	

主管：赵丽　　审核：李一明　　制单：王飞　　出纳：孙燕

记 账 凭 证

记 字013 号　　2014 年 12 月 31 日　　附件 3 张

摘要	会计科目		借方金额										贷方金额										√
	总账科目	明细科目	千	百	十	万	千	百	十	元	角	分	千	百	十	万	千	百	十	元	角	分	
计算结转本月完工产品成本	库存商品	西装			6	6	0	8	0	2	5	0											
		衬衫			2	0	6	9	4	7	5	0											
	生产成本	西装													6	6	0	8	0	2	5	0	
		衬衫													2	0	6	9	4	7	5	0	
合计金额				¥	8	6	7	7	5	0	0	0		¥	8	6	7	7	5	0	0	0	

主管：赵丽　　审核：李一明　　制单：王飞　　出纳：孙燕

记 账 凭 证

记 字014 号　　2014 年 12 月 31 日　　附件 3 张

摘要	会计科目		借方金额										贷方金额										√
	总账科目	明细科目	千	百	十	万	千	百	十	元	角	分	千	百	十	万	千	百	十	元	角	分	
结转已销产品销售成本	主营业务成本				7	1	7	2	9	6	0	0											
	库存商品	西装													5	8	0	2	3	6	0	0	
		衬衫													1	3	7	0	6	0	0	0	
合计金额				¥	7	1	7	2	9	6	0	0		¥	7	1	7	2	9	6	0	0	

主管：赵丽　　审核：李一明　　制单：王飞　　出纳：孙燕

记账凭证

记 字 015 号　　2014 年 12 月 31 日　　附件 1 张

摘要	会计科目		借方金额										贷方金额										✓
	总账科目	明细科目	千	百	十	万	千	百	十	元	角	分	千	百	十	万	千	百	十	元	角	分	
计提本月应交城建税、教育费附加	营业税金及附加					1	9	8	8	6	5	0											
	应交税费	应交城建税														1	3	9	2	0	5	5	
		应交教育费附加															5	6	9	5	9	5	
合计金额					¥	1	9	8	8	6	5	0			¥	1	9	8	8	6	5	0	

主管：赵丽　　审核：李一明　　制单：王飞　　出纳：孙燕

记账凭证

记 字 016 号　　2014 年 12 月 31 日　　附件 张

摘要	会计科目		借方金额										贷方金额										✓
	总账科目	明细科目	千	百	十	万	千	百	十	元	角	分	千	百	十	万	千	百	十	元	角	分	
结转损益	主营业务收入			1	2	3	5	0	0	0	0	0											
	营业外收入					8	0	0	0	0	0	0											
	本年利润														5	5	5	0	5	3	5	0	
	销售费用															2	0	8	0	0	0	0	
	主营业务成本														7	1	9	2	6	0	0	0	
	营业税金及附加															1	9	8	8	6	5	0	
合计金额			¥	1	3	1	5	0	0	0	0	0	¥	1	3	1	5	0	0	0	0	0	

主管：赵丽　　审核：李一明　　制单：王飞　　出纳：孙燕

训练题18

一、训练任务及要求

(1) 开设账簿时，在摘要栏里填写“上月结转”。

(2) 根据期初余额资料及2014年12月份的记账凭证资料开设并登记现金日记账(月末要求作月结)。

(3) 根据期初余额资料及2014年12月份的记账凭证资料开设并登记“制造费用”明细账(月末要求作月结)。

(4) 根据期初余额资料及2014年12月份的记账凭证资料开设并登记“应付职工薪酬——工资”明细账。

(5) 根据期初余额资料及2014年12月份的记账凭证及附件资料开设并登记“原材料——棉布料”明细账；开设“应交税费”明细账账，根据科目汇总表登记，要求结账。

(6) 编制2014年12月份利润表和现金流量表(只填本期金额)。

二、训练资料

(一) 企业基本情况

(1) 公司名称：北京市莱尔思服饰有限公司(简称莱尔思服饰)

(2) 性质：有限责任公司，增值税一般纳税人

(3) 纳税登记号：331502X18181818

(4) 地址及电话：北京东四环路88号，010-82825896

(5) 开户行及账号：北京市工商银行加兴路办事处1005082838

(6) 主要产品：生产西装、衬衫两种产品

(7) 组织机构及主要责任人

组织机构及主要责任人

部门	姓名	职务	部门	姓名	职务
经理办公室	宋英航	总经理	生产车间	李金	主任
	李庆	秘书		刘丹	生产员
财务部	李一明	经理	材料仓库	李克	主任
	赵丽	主管会计		王福根	保管员
	王飞	会计	销售部	安小军	经理
	孙燕	出纳			

(二) 2014 年 11 月末各总分类账户及所属明细账户余额

1. 各总分类账户余额

元

总分类科目	明细科目	余额	
		借方	贷方
库存现金		4 000.00	
银行存款		2 799 500.00	
应收账款		229 000.00	
	长城国际	138 000.00	
	金梭纺织	5 000.00	
	上海龙光	86 000.00	
坏账准备			687.00
库存商品		252 000.00	
	西装	192 000.00	
	衬衣	60 000.00	
原材料		749 000.00	
	毛呢料	500 000.00	
	棉布料	154 000.00	
	辅料	95 000.00	
无形资产			
	商标权	72 000.00	
累计摊销			28 800.00
固定资产		1 830 000.00	
	生产车间(生产用)	1 030 000.00	
	管理部门(非生产用)	800 000.00	
累计折旧			220 000.00
	生产车间(生产用)		160 000.00
	管理部门(非生产用)		60 000.00
在建工程		211 000.00	
应付账款	赛尔公司		68 113.00
应付利息	预提利息		5 000.00
短期借款			500 000.00
应交税费			56 100.00
	增值税		50 000.00
	营业税		1 000.00
	城市维护建设税		3 570.00
	教育费附加		1 530.00
应付债券			211 000.00
实收资本			3 525 000.00
	雅衫集团		2 525 000.00
	云峰实业		1 000 000.00
资本公积			150 600.00
盈余公积			127 500.00
	法定盈余公积		70 000.00
	任意盈余公积		57 500.00
利润分配	未分配利润		207 600.00
本年利润	1-11 月		1 046 100.00
合计		6 146 500.00	6 146 500.00

2．存货明细账资料

元

名称	计量单位	数量	单价	金额
原材料				
—毛呢布料	米	4 000	125	500 000
—纯棉布料	米	2 200	70	154 000
—辅料	套	2 375	40	95 000
库存商品				
—西装	套	400	480	192 000
—衬衫	件	250	240	60 000

(三) 2014年12月份所发生经济业务的原始凭证

记账凭证

记 字 001 号　　2014年 12 月 01 日　　附件 1 张

摘要	会计科目		借方金额										贷方金额										✓
	总账科目	明细科目	千	百	十	万	千	百	十	元	角	分	千	百	十	万	千	百	十	元	角	分	
提取现	库存现金						2	0	0	0	0	0											
金备用	银行存款																2	0	0	0	0	0	
合计金额						¥	2	0	0	0	0	0				¥	2	0	0	0	0	0	

主管：赵丽　　审核：李一明　　制单：王飞　　出纳：孙燕

记账凭证

记 字 002 号　　2014年12月03日　　附件 2 张

摘要	会计科目		借方金额										贷方金额										✓
	总账科目	明细科目	千	百	十	万	千	百	十	元	角	分	千	百	十	万	千	百	十	元	角	分	
向北京宏达	原材料	毛呢布料				5	0	3	5	8	0	0											
纺织购买原	原材料	纯棉布料				1	5	1	0	7	0	0											
材料	应交税费	应交增值税(进项税)				1	1	0	8	5	0	0											
	银行存款															7	6	5	5	0	0	0	
合计金额					¥	7	6	5	5	0	0	0			¥	7	6	5	5	0	0	0	

主管：赵丽　　审核：李一明　　制单：王飞　　出纳：孙燕

记账凭证

记 字 003 号　　2014 年 12 月 06 日　　附件 1 张

摘要	会计科目		借方金额										贷方金额										✓
	总账科目	明细科目	千	百	十	万	千	百	十	元	角	分	千	百	十	万	千	百	十	元	角	分	
收到上海	银行存款					8	6	0	0	0	0	0											
龙光贸易	应收账款	上海龙光贸易														8	6	0	0	0	0	0	
前欠货款																							
合计金额					¥	8	6	0	0	0	0	0			¥	8	6	0	0	0	0	0	

主管：赵丽　　审核：李一明　　制单：王飞　　出纳：孙燕

记账凭证

记 字 004 号　　2014 年 12 月 09 日　　附件 2 张

摘要	会计科目		借方金额										贷方金额										✓
	总账科目	明细科目	千	百	十	万	千	百	十	元	角	分	千	百	十	万	千	百	十	元	角	分	
缴纳上月	应交税费	未交增值税				5	0	0	0	0	0	0											
税费		应交营业税					1	0	0	0	0	0											
		应交城市维护建设税					3	5	7	0	0	0											
		应交教育费附加					1	5	3	0	0	0											
	银行存款															5	6	1	0	0	0	0	
合计金额					¥	5	6	1	0	0	0	0			¥	5	6	1	0	0	0	0	

主管：赵丽　　审核：李一明　　制单：王飞　　出纳：孙燕

记账凭证

记 字 005 号　　2014 年 12 月 13 日　　附件 2 张

摘要	会计科目		借方金额										贷方金额										✓
	总账科目	明细科目	千	百	十	万	千	百	十	元	角	分	千	百	十	万	千	百	十	元	角	分	
向上海龙光	银行存款			1	4	4	4	9	5	0	0	0											
贸易有限公	主营业务收入	西装													9	6	0	0	0	0	0	0	
司销售产品	主营业务收入	衬衫													2	7	5	0	0	0	0	0	
	应交税费	应交增值税（销项税）													2	0	9	9	5	0	0	0	
合计金额			¥	1	4	4	4	9	5	0	0	0	¥	1	4	4	4	9	5	0	0	0	

主管：赵丽　　审核：李一明　　制单：王飞　　出纳：孙燕

记 账 凭 证

记 字 006 号　　2014 年 12 月 14 日　　附件 2 张

摘　要	会　计　科　目		借方金额										贷方金额										✓
	总账科目	明细科目	千	百	十	万	千	百	十	元	角	分	千	百	十	万	千	百	十	元	角	分	
支付施林广	销售费用					2	0	0	0	0	0	0											
告公司广告费	银行存款															2	0	0	0	0	0	0	
合　计　金　额					¥	2	0	0	0	0	0	0			¥	2	0	0	0	0	0	0	

主管：赵丽　　审核：李一明　　制单：王飞　　出纳：孙燕

记 账 凭 证

记 字 007 号　　2014 年 12 月 16 日　　附件 1 张

摘　要	会　计　科　目		借方金额										贷方金额										✓
	总账科目	明细科目	千	百	十	万	千	百	十	元	角	分	千	百	十	万	千	百	十	元	角	分	
收到北京英	银行存款					8	0	0	0	0	0	0											
航公司捐赠	营业外收入															8	0	0	0	0	0	0	
合　计　金　额					¥	8	0	0	0	0	0	0			¥	8	0	0	0	0	0	0	

主管：赵丽　　审核：李一明　　制单：王飞　　出纳：孙燕

记 账 凭 证

记 字 008 号　　2014 年 12 月 19 日　　附件 1 张

摘　要	会　计　科　目		借方金额										贷方金额										✓
	总账科目	明细科目	千	百	十	万	千	百	十	元	角	分	千	百	十	万	千	百	十	元	角	分	
销售部经理	其他应收款						1	0	0	0	0	0											
安小军预借	库存现金																1	0	0	0	0	0	
差旅费																							
合　计　金　额						¥	1	0	0	0	0	0				¥	1	0	0	0	0	0	

主管：赵丽　　审核：李一明　　制单：王飞　　出纳：孙燕

记 账 凭 证

记 字 09 号　　2014 年 12 月 21 日　　附件 1 张

摘要	会计科目		借方金额										贷方金额										✓
	总账科目	明细科目	千	百	十	万	千	百	十	元	角	分	千	百	十	万	千	百	十	元	角	分	
销售部安小	销售费用							8	0	0	0	0											
军报销差旅	库存现金							2	0	0	0	0											
费并退回现金	其他应收款																1	0	0	0	0	0	
合 计 金 额							¥	1	0	0	0	0				¥	1	0	0	0	0	0	

主管：赵丽　　审核：李一明　　制单：王飞　　出纳：孙燕

记 账 凭 证

记 字 010 号　　2014 年 12 月 31 日　　附件 1 张

摘要	会计科目		借方金额										贷方金额										✓
	总账科目	明细科目	千	百	十	万	千	百	十	元	角	分	千	百	十	万	千	百	十	元	角	分	
结转本月发	生产成本	西装			4	5	4	0	0	0	0	0											
出材料成本		衬衫			1	6	0	2	0	0	0	0											
	原材料	毛呢													4	7	6	0	0	0	0	0	
		纯棉														8	1	2	0	0	0	0	
		铺料														5	7	0	0	0	0	0	
合 计 金 额				¥	6	1	4	2	0	0	0	0		¥	6	1	4	2	0	0	0	0	

主管：赵丽　　审核：李一明　　制单：王飞　　出纳：孙燕

记 账 凭 证

记 字 011 号　　2014 年 12 月 31 日　　附件 1 张

摘要	会计科目		借方金额										贷方金额										✓
	总账科目	明细科目	千	百	十	万	千	百	十	元	角	分	千	百	十	万	千	百	十	元	角	分	
计提本月	生产成本	西装				7	4	8	0	0	0	0											
工资费用		衬衫				3	0	0	0	0	0	0											
	制造费用					5	7	7	5	0	0	0											
	管理费用					4	1	5	0	0	0	0											
	销售费用					2	8	7	0	0	0	0											
	应付职工薪酬	工资													1	8	9	0	0	0	0	0	
合 计 金 额				¥	2	3	2	7	5	0	0	0		¥	2	3	2	7	5	0	0	0	

主管：赵丽　　审核：李一明　　制单：王飞　　出纳：孙燕

记账凭证

记 字 012 号　　　　2014 年 12 月 31 日　　　　附件 1 张

摘要	会计科目		借方金额										贷方金额										✓
	总账科目	明细科目	千	百	十	万	千	百	十	元	角	分	千	百	十	万	千	百	十	元	角	分	
制造费	生产成本	西装				4	1	0	0	2	5	0											
用分配		衬衫				1	6	7	4	7	5	0											
	制造费用															5	7	7	5	0	0	0	
合计金额					¥	5	7	7	5	0	0	0			¥	5	7	7	5	0	0	0	

主管：赵丽　　审核：李一明　　制单：王飞　　出纳：孙燕

记账凭证

记 字 013 号　　　　2014 年 12 月 31 日　　　　附件 3 张

摘要	会计科目		借方金额										贷方金额										✓
	总账科目	明细科目	千	百	十	万	千	百	十	元	角	分	千	百	十	万	千	百	十	元	角	分	
计算结转本	库存商品	西装			6	6	0	8	0	2	5	0											
月完工产品		衬衫			2	0	6	9	4	7	5	0											
成本	生产成本	西装													6	6	0	8	0	2	5	0	
		衬衫													2	0	6	9	4	7	5	0	
合计金额				¥	8	6	7	7	5	0	0	0		¥	8	6	7	7	5	0	0	0	

主管：赵丽　　审核：李一明　　制单：王飞　　出纳：孙燕

记账凭证

记 字 014 号　　　　2014 年 12 月 31 日　　　　附件 3 张

摘要	会计科目		借方金额										贷方金额										✓
	总账科目	明细科目	千	百	十	万	千	百	十	元	角	分	千	百	十	万	千	百	十	元	角	分	
结转已销	主营业务成本				7	1	7	2	9	6	0	0											
产品销	库存商品	西装													5	8	0	2	3	6	0	0	
售成本		衬衫													1	3	7	0	6	0	0	0	
合计金额				¥	7	1	7	2	9	6	0	0		¥	7	1	7	2	9	6	0	0	

主管：赵丽　　审核：李一明　　制单：王飞　　出纳：孙燕

记账凭证

记 字 015 号　　2014 年 12 月 31 日　　附件 1 张

摘要	会计科目		借方金额										贷方金额										√
	总账科目	明细科目	千	百	十	万	千	百	十	元	角	分	千	百	十	万	千	百	十	元	角	分	
计提本月应	营业税金及附加					1	9	8	8	6	5	0											
交城建税、	应交税费	应交城建税														1	3	9	2	0	5	5	
教育费附加		应交教育费附加															5	6	9	5	9	5	
合计金额					¥	1	9	8	8	6	5	0			¥	1	9	8	8	6	5	0	

主管：赵丽　　审核：李一明　　制单：王飞　　出纳：孙燕

记账凭证

记 字 016 号　　2014 年 12 月 31 日　　附件＿＿张

摘要	会计科目		借方金额										贷方金额										√
	总账科目	明细科目	千	百	十	万	千	百	十	元	角	分	千	百	十	万	千	百	十	元	角	分	
结转	主营业务收入			1	2	3	5	0	0	0	0	0											
损益	营业外收入					8	0	0	0	0	0	0											
	本年利润														5	5	5	0	5	3	5	0	
	销售费用															2	0	8	0	0	0	0	
	主营业务成本														7	1	9	2	6	0	0	0	
	营业税金及附加															1	9	8	8	6	5	0	
合计金额			¥	1	3	1	5	0	0	0	0	0	¥	1	3	1	5	0	0	0	0	0	

主管：赵丽　　审核：李一明　　制单：王飞　　出纳：孙燕